# 세상에 하나뿐인 디자인 굿즈 만들기

 프로크리에이트 & 일러스트레이터

# 세상에 하나뿐인 **디자인 굿즈 만들기**

with 프로크리에이트 & 일러스트레이터

**1쇄 발행** 2020년 6월 7일

**지은이** 이서윤
**펴낸이** 장성두
**펴낸곳** 주식회사 제이펍

**출판신고** 2009년 11월 10일 제406-2009-000087호
**주소** 경기도 파주시 회동길 159 3층 3-B호 / **전화** 070-8201-9010 / **팩스** 02-6280-0405
**홈페이지** www.jpub.kr / **원고투고** submit@jpub.kr / **독자문의** help@jpub.kr / **교재문의** textbook@jpub.kr

**편집부** 김정준, 이민숙, 최병찬, 이주원 / **총무부** 김정미
**소통기획부** 송찬수, 박재인, 배인혜, 이상복, 송영화, 권유라 / **소통지원부** 민지환

**기획 및 교정·교열** 강민철 / **표지·내지 디자인** 김연정
**용지** 타라유통 / **인쇄** 한길프린테크 / **제본** 일진제책사

**ISBN** 979-11-91600-94-0 (13000)
**값** 18,000원

제이펍은 독자 여러분의 아이디어와 원고 투고를 기다리고 있습니다. 책으로 펴내고자 하는 아이디어나 원고가 있는
분께서는 책의 간단한 개요와 차례, 구성과 저(역)자 약력 등을 메일(submit@jpub.kr)로 보내 주세요.

# 세상에 하나뿐인

더비러브드〈이서윤〉 지음

# 디자인 굿즈 만들기

with 프로크리에이트 & 일러스트레이터

제이펍

'이건 색상이 조금 마음에 안 들고, 저건 가격이 비싸고… 아, 그냥 내가 만들어 쓰고 싶다!'라는 생각을 가졌던 분들이 이 머리말을 읽고 계시겠죠? 저도 처음에는 '내가 그린 그림으로, 내가 찍은 사진으로 굿즈를 만들어 쓸 수는 없을까?', '나는 귀여운 고양이가 체크해주는 메모지를 가지고 싶은데, 마음에 드는 게 없네. 만들어 쓸까?'라는 질문들로부터 굿즈 제작을 시작했습니다.

계획적인 생활을 위한 체크리스트, 다이어리 꾸미기를 위한 스티커부터 늘 소지하는 핸드폰의 그립톡, 케이스, 스트랩, 쿠션 커버, 패브릭 포스터까지. 지금 제 주변에는 취향에 꼭 맞는 제작 굿즈들로 가득합니다.

이렇게 만든 굿즈들을 판매하며 나만의 문구 브랜드도 가지게 되었고, 온/오프라인으로 강의를 진행하고 있습니다. 수년간 강의를 진행하며 저처럼 나의 취향을 굿즈로 제작하고 싶은 분, 제2의 수입원을 만들고 싶으신 분, 특별한 날을 기념하여 선물을 하고 싶은 분까지, 굿즈 제작을 원하는 사람들이 많다는 것을 알게 되어 제가 가진 지식과 팁을 나누고자 이 책을 쓰게 되었습니다.

이 책은 굿즈를 만들고 싶은 분들을 위하여 전공자가 아니더라도 다양한 제품을 쉽게 만드는 데 초점을 맞췄습니다. 굿즈 제작은 기본적으로 인쇄에 바탕을 두고 있습니다. 저와 함께 책을 따라 기본적인 인쇄 지식, 굿즈별 특성과 제작 과정을 잘 이해한다면 어떤 제품이든지 전문가처럼 만들 수 있습니다.

또한, 아무래도 책을 통해 만나 뵙는 만큼 이해하기 쉽게 풀어내는 데 중점을 두었습니다. 첫 번째 문장을 읽으며 물음표가 떠오르면, 바로 다음 문장에서는 답을 줄 수 있을 정도로 세세한 부분까지 챙기고자 했습니다. 실제로 굿즈 제작이 활성화되지 않았던 시절, 인쇄소 사장님들을 귀찮게 하며 배웠던 실질적인 팁들과 강의에서 만났던 수많은 학생의 질문에 대한 답변을 책 속에 풀어냈습니다.

뭘 해도 굿즈가 따라붙는 요즘! 천천히 하나둘씩 따라 하다 보면, 어느새 수십 개의 굿즈가 집 앞에 도착해 있을 것입니다. 이제 여러분들은 그 재미있는 박스를 하나둘씩 열어보는 일만 남아 있습니다. 함께 박스를 풀러 가볼까요?

**더비러브드(이서윤)** 드림

**떡메모지**

**엽서**

**포스터**

**원형 스티커와 자유형 스티커 연습**

**아크릴 키링**

**핸드폰 액세서리**

**마스킹테이프**

**패브릭 파우치**

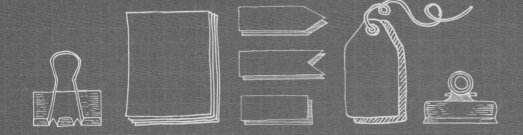

## 처음 만나는 굿즈 만들기

굿즈 제작에 앞서 어떤 준비물이 필요하고, 책의 내용을 학습한 후 어떤 굿즈를 만들 수 있는지 함께 살펴볼게요. 세부적인 내용을 배우기에 앞서 전체적인 제작은 어떤 과정으로 진행되는지 함께 알아봐요.

## Lesson 01 준비물

먼저 굿즈 제작에 필요한 준비물부터 살펴볼게요. 굿즈를 만들 수 있는 기기와 프로그램은 정말 다양해요. 하지만 처음에는 어느 기기를 사용해야 할지, 어떤 프로그램을 배워야 할지 막막할 거예요. 과연 나에게 맞는 기기와 프로그램은 무엇인지, 내가 이미 가지고 있는 도구 중에서 어떤 것을 활용할 수 있을지 함께 자세히 알아봐요.

### 이미지를 그리고 작업 파일을 제작하는 프로그램

굿즈에 들어갈 그림을 그리는 데 필요한 프로그램으로는 태블릿 PC에서 사용할 수 있는 애플리케이션인 프로크리에이트, 메디방, 어도비 프레스코 등이 있습니다. PC에서 사용할 수 있는 프로그램으로는 어도비 일러스트레이터, 포토샵이 있으며, 주로 굿즈 제작을 위한 작업 파일을 만드는 데 사용합니다. 다만, 일러스트레이터와 포토샵에서도 [펜 도구]와 [브러시 도구] 등을 이용하여 직접 그림을 그릴 수도 있습니다.

일러스트레이터는 인쇄용 파일을 만들기에 가장 적합한 프로그램입니다. 인쇄용 색상 체계인 CMYK로 작업할 수 있으며, 확대해도 깨지지 않는 선을 만들 수 있어서 깔끔한 일러스트를 만들 수 있습니다. 일러스트레이터는 어도비 홈페이지에서 다운로드 받을 수 있으며, 한 달 단위로 구독하여 사용할 수 있습니다.

포토샵은 사진이나 직접 그리고 채색한 그림 등을 보정할 때 유용합니다. 다만 포토샵은 일러스트레이터와 달리 주로 사진이나 디지털 이미지 등을 다루는 데 편리한 프로그램으로 일러스트레이터와 포토샵 둘 중에 한 가지만 배워야 한다면 일러스트레이터를 추천합니다.

프로크리에이트는 아이패드에서 사용 가능한 드로잉 애플리케이션입니다. 다양한 브러시와 간단한 화면 구성을 띄고 있어 초보자가 익히기에 편리한 프로그램입니다. 사용자가 많다 보니 커스텀 브러시나 사용 정보를 얻기에도 편리해서 가장 추천해요.

## 기기

굿즈 제작을 할 수 있는 기기에는 컴퓨터, 노트북, 태블릿 PC, 태블릿 등이 있습니다. 물론, 직접 연필과 펜 등을 이용하여 직접 그림을 그린 후 스캔해서 굿즈 제작을 할 수도 있습니다. 그럼 기기에 대해서 조금 더 자세하게 알아볼게요.

### · 컴퓨터와 노트북

컴퓨터와 노트북에서는 일러스트레이터와 포토샵 프로그램을 다운로드 받아 사용할 수 있어야 합니다. 작업 파일들을 효율적으로 관리하기에 꼭 필요한 기기입니다.

### · 태블릿 PC와 디지털 펜슬

아이패드와 같은 태블릿 PC에서는 프로크리에이트와 같은 드로잉 애플리케이션을 사용할 수 있습니다. 종이와 펜을 대신하여 사용하는 것이기 때문에 디지털 펜슬이 사용 가능한 기기를 구매해야 합니다. 화면이 클수록 좋지만 작아도 큰 문제는 없습니다.

### · 태블릿(판 태블릿과 액정 태블릿)

직접 컴퓨터에 연결하여 그림을 그릴 수 있는 태블릿도 있습니다. 주로 전문적으로 작업을 하는 분들이 많이 사용하는 기기입니다. 판 태블릿은 말 그대로 납작한 판의 형태로 그 위에 태블릿 펜을 이용해 그림을 그리면 컴퓨터에 똑같이 그려집니다. 눈은 화면을 보며 손은 태블릿 위에서 그리기 때문에 처음에는 조금 불편할 수 있습니다.

액정 태블릿은 태블릿 PC처럼 태블릿 화면에 직접 그림을 그릴 수 있습니다. 다만 가격이 비싸다는 단점이 있습니다.

· 아날로그 도구

굿즈를 만들 때 꼭 전자 기기를 사용해야 하는 것은 아니에요. 펜으로 밑그림을 그린 후에 스캔 혹은 촬영하고 일러스트레이터에서 이미지 파일을 불러와 직접 [펜 도구]를 이용하여 밑그림 위에 그림을 그릴 수도 있습니다.

## 그래서 어떤 프로그램을 써야 할까요?

제가 가장 추천하는 조합은 프로크리에이트+일러스트레이터입니다. 프로크리에이트는 초보자가 사용하기에도 어려움이 없을 정도로 사용하기 쉬운 프로그램이에요. 일러스트레이터는 대부분의 인쇄소나 전문가들이 다루는 프로그램이며, 깔끔한 인쇄물을 만들기 위해 필수적인 프로그램입니다. 이 책에서도 이 두 가지 프로그램을 위주로 학습할 예정입니다.

# 우리가 만들 수 있는 제품

굿즈 제작법을 배우고 내가 직접 만들 수 있는 제품은 무엇일까요? 인쇄를 하는 제품은 재질이나 칼선 (종이가 잘리는 선)과 같은 후가공에 따라서 조금씩 달라질 뿐 동일한 제작법을 사용해서 만들 수 있어요. 그 말인즉슨 한번 제작법을 익히면, 인쇄를 통해서 제작할 수 있는 대부분의 굿즈는 충분히 응용하여 만들 수 있다는 것입니다. 함께 어떤 제품들이 있는지 살펴볼까요?

**· 엽서와 포스터**

엽서와 포스터는 가장 쉽게 제작할 수 있는 굿즈입니다. 제작할 크기를 정하고 삽입할 그림을 구성한 후 작업선을 고려하여 인쇄용 발주 파일을 제작합니다.

**· 메모지와 포스트잇**

떡메모지와 포스트잇도 엽서를 만드는 방법과 동일합니다. 떡메모지(떡메)는 낱장을 떼네 쓰는 비접착식 메모지이고, 포스트잇은 낱장을 떼었다가 다시 붙일 수 있는 접착식 메모지입니다. 두 가지 제품 모두 여러 장의 종이를 붙여서 한 권의 메모지로 만들기 때문에 인쇄된 종이를 접착제로 고정하는 후가공 과정이 들어갑니다. 이때 접착제로 붙일 매수를 정해줘야 합니다. 업체마다 차이가 있지만, 보통 떡메모지는 100매, 200매 단위를 한 권의 메모지로 만들 수 있으며, 포스트잇은 훨씬 적은 단위인 20~50매 묶음도 가능합니다. 제작 비용은 후가공 과정이 적은 떡메모지가 포스트잇보다 더 저렴하며, 제작 사이트도 다양하므로 처음에는 떡메모지를 제작해보세요.

**· 스티커**

스티커는 다른 제품과는 달리 용도나 재질에 따라 고려할 사항이나 선택할 옵션이 많습니다. 종이를 자르는 것을 '재단'이라고 하는데, 스티커의 재단 방법도 가지각색인데다 인쇄소마다 부르는 용어가 다를 수 있으므로 이용하려는 인쇄소의 공지사항을 가장 먼저 살펴봅니다.

사각 재단 스티커는 말 그대로 사각형으로 재단하여 만드는 스티커입니다. 인쇄소 스티커(인스)라고 도 불립니다. 다음으로는 반칼 스티커가 있습니다. 대개 도무송(톰슨) 스티커라고 합니다. 칼선을 넣어 사용하는 스티커로 원형, 사각형 등 단순한 칼선뿐 아니라 그림의 형태를 따라 복잡한 형태로도 칼선을 만들어줄 수 있습니다. 여러분이 어렸을 때 문구점에서 사곤 했던 캐릭터 스티커라고 생각하면 됩니다.

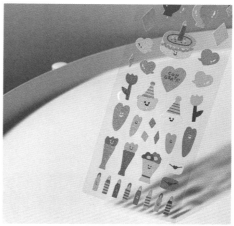

## • 마스킹테이프

마스킹테이프는 뗐다 붙여도 자국이 남지 않는 스티커입니다. 그래서 다이어리나 방을 꾸밀 때 많이
사용하는 제품입니다. 마스킹테이프에는 이미지가 반복되는 구간이 있기 때문에 업체에서 공지하는
일정한 길이의 작업 창과 작업선을 만든 후에 일러스트를 넣어주면 됩니다. 업체에서 주로 제공하는
세로 높이(폭)는 12~30mm 내에서 선택할 수 있으며, 시중에서 여러분이 볼 수 있는 마스킹테이프의
세로 높이는 12~15mm입니다.

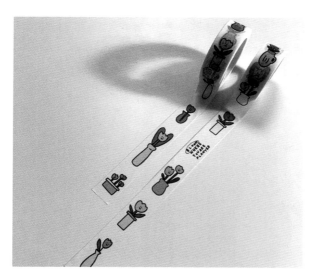

### ・핸드폰 액세서리(케이스, 스마트톡, 에어팟 케이스 등)

핸드폰 케이스는 핸드폰 기종에 따라서 작업 가능한 영역이 다르기 때문에 보통 업체에서 기종별 파일을 제공합니다. 그렇기에 일러스트를 미리 제작한 후 업체에서 제공하는 파일의 작업선에 맞게 일러스트를 넣어주면 됩니다. 핸드폰 뒷면에 붙이는 스마트톡(그립톡)도 대부분 업체에서 제공하는 모양과 크기에 따라 파일을 제공하므로, 핸드폰 케이스와 동일하게 일러스트를 작업선 안쪽에 안전하게 배치하면 간단하게 제작할 수 있습니다. 커스텀 제작이 늘어 감에 따라 1개씩 소량도 저렴한 가격으로 제작 가능합니다.

### ・천 제품(패브릭 포스터, 에코백, 담요, 슬로건 등)

천(패브릭) 제품도 엽서나 메모지와 비슷합니다. 다만 천의 테두리 부분 마무리 혹은 모양을 만드는 과정에서 봉제 과정이 들어가기 때문에 작업선의 영역이 다르게 적용될 수 있습니다. 이에 대해 업체에서 공지하는 규격이 있을 테니 당황하지 말고, 그대로 확인하여 진행하면 됩니다.

**· 핀 버튼과 손거울**

핀 버튼과 손거울의 경우 대부분 원형입니다. 원형 스티커 발주 파일 제작 과정과 비슷한데, 핀 버튼과
손거울의 경우에는 종이와는 달리 인쇄 면이 테두리 곡면을 덮어야 하기 때문에 작업선 영역 크기가
원형 스티커보다 클 수 있습니다. 꼭 제품 크기에 맞는 작업 크기를 추가로 확인해야 합니다.

**· 아크릴 키링**

아크릴 키링은 원형, 사각, 하트 외에도 스티커와 동일하게 모양을 직접 지정하여 접수할 수 있습니다.
투명한 아크릴에 인쇄되기 때문에 인쇄하려는 모양과 동일하게 생긴 화이트 레이어라는 것을 추가로
제작할 수 있습니다. 화이트 레이어는 업체에서 기본으로 제공하는 곳도 있고, 옵션을 선택한 후 직접
제작해야 하는 곳도 있습니다.

**· 달력**

달력은 탁상 달력, 벽걸이 달력 등 여러 가지 옵션이 있습니다. 상단에 스프링을 넣어주는 후가공이 들어가기 때문에 구멍이 뚫리는 부분을 감안해 일정한 길이의 안전 영역을 설정한 후 그림을 넣습니다. 열두 달의 달력을 만드는 경우, 표지를 제외하고 앞면에는 일러스트와 작은 달력, 뒷면에는 기록할 수 있는 칸이 있는 달력으로 해서 총 24장을 디자인해야 합니다.

**· 그 외**

앞에서 언급한 제품들 외에도 컵, 펜, 여권 케이스, 명함, 청첩장, 부채 등 여러분 주위에 있는 인쇄물은 모두 제작할 수 있습니다.

## Lesson 03  제품 제작 과정

굿즈 제작 과정을 살펴볼게요. 전체적인 과정은 비슷하지만 제품마다 작업 순서가 조금씩 다르고, 업체에 따라 요청사항이 다르므로 인쇄용 파일을 접수하기 전에 업체의 공지사항을 꼭 살펴보세요. 물품을 수령한 다음에는 전체 제품을 체크해보고, 필요하다면 재작업이 가능한지도 문의해야 합니다.

### ·아이디어 구상

어떤 굿즈를 만들고 싶은가요? 머릿속에 막연하게 떠오른 제품의 아이디어를 구상해보세요. 먼저 만들고 싶은 제품의 요소를 대략적으로 정리합니다. 예를 들어 메모지를 만들고 싶다면, '한 장에 체크리스트, 가로 줄, 흑백의 낙서 일러스트가 들어간 세로로 긴 메모지'라고 정리해볼 수 있을 거예요. 그런 다음 구상한 요소 중에서 추가할 것과 삭제할 것을 정리합니다.

## ・ 제품 스케치

제품에 들어가는 일러스트를 그립니다. 그림을 그릴 때는 여러 기기를 선택할 수 있는데, 때에 따라 편리한 방법을 사용합니다. 먼저 태블릿 PC에서 프로크리에이트, 메디방과 같은 드로잉 애플리케이션을 이용하는 방법이 있습니다. 혹은 액정 태블릿이나 판 태블릿이 있다면 PC와 연결하여 일러스트레이터와 같은 프로그램에서 그림을 그리는 방법도 있어요. 아니면 아날로그 방식으로 종이에 펜으로 드로잉한 후 스캔 혹은 촬영해서 PC에서 편집해도 좋습니다.

## ・ 발주업체 선정

이제 업체와 제품의 세부 정보를 결정할 차례입니다. 업체는 소량 제작부터 대량 제작까지 웹페이지 내에서 편리하게 제작할 수 있는 온라인 인쇄소를 추천합니다. 고려해야 할 요소로는 가격, 배송 기간, 사용 프로그램, 제품의 종류, C/S 등이 있습니다. 처음부터 꼭 하나의 업체를 이용하는 것보다는 여러 업체를 이용해보고, 결과물이 만족스럽고 사이트가 이용하기 편리한 업체를 고르는 것이 좋습니다. 한 번 업체의 작업 규약과 파일을 만들어놓으면, 나중에도 두고두고 쓰면서 작업 시간을 단축할 수 있습니다.

제품의 디자인을 구상했다면, 제품을 인쇄할 종이나 천 등의 재질, 코팅 방법, 인쇄 및 후가공 방식도 결정해야 합니다. 여러 종이 재질과 코팅 방법에 대해 알아본 후 제품의 분위기에 맞게 결정합니다.

 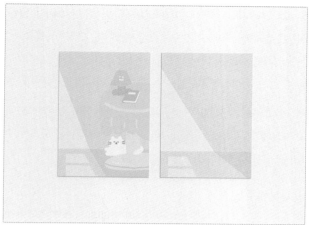

이때는 업체에서 샘플 북을 받아서 직접 만져보고 결정하거나, 소량으로 샘플을 인쇄해서 확인해본 다음 추가로 인쇄하기를 추천합니다.

### · 인쇄용 파일 만들기

업체에 내가 원하는 굿즈를 요청하려면 인쇄용 파일이 있어야 합니다. PC와 어도비 일러스트레이터를 이용하여 인쇄용 파일을 제작합니다. 굿즈에 들어가는 주된 이미지가 사진이 아닌 드로잉 일러스트라면 확대해도 깨지지 않는 선을 만들 수 있는 벡터 방식의 일러스트레이터를 추천합니다.

확대하면 깨지는 비트맵 파일          확대해도 깨지지 않는 벡터 파일

일러스트레이터를 통하여 업체에 접수할 수 있는 인쇄용 파일을 제작합니다. 많이 사용하는 크기나 제품은 업체에서 미리 기본 템플릿을 제공하거나 자체 프로그램을 이용하여 접수하는 곳이 있습니다. 이런 업체를 이용한다면 템플릿에 드로잉 파일만 앉혀서 깔끔하게 수정하거나 재단선 작업 등도 생략할 수 있기 때문에 제작이 훨씬 수월합니다. 업체의 조건을 미리 확인해서 작업 시간을 단축해보세요.

제작한 인쇄용 파일은 PDF, AI 파일 등을 이용하여 업체에 접수하고 제작 주문합니다. 파일을 업로드 하기 전에 마지막으로 파일의 색상 모드, 크기, 작업선 등이 잘 지정되었는지 확인한 다음, 수량이나 후가공 등을 선택하여 발주를 진행합니다.

**· 업체 발주**

제작 기간은 업체와 제품에 따라 천차만별입니다. 빠른 경우 1~3일 만에 수령 가능하고, 긴 경우 2주에서 한 달까지 걸리기도 합니다. 미리 제작 기간을 확인하세요.

**· 제품 수령 및 체크**

또한 인쇄물에 문제가 생길 수도 있기 때문에 물품을 받아본 후에는 인쇄물을 꼼꼼하게 확인합니다. 문제가 없다면 바로 사용하거나 혹은 OPP 필름이나 종이 포장지 등으로 포장합니다.

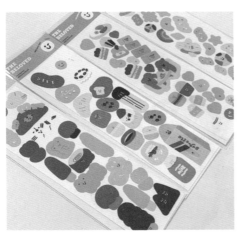

**· 필요 시 재작업 요청**

인쇄물에 문제가 있을 경우 업체에 재작업 문의를 할 수 있습니다. 다만 업체별로 대부분 재작업에 대한 가이드라인이 있으므로 해당 내용을 살펴본 후 문제가 있다면 고객센터에 오류나 훼손이 있는 제품 사진 및 동영상 촬영과 함께 문의를 합니다. 사용이 어려울 정도로 잉크가 과도하게 튄 경우, 제품의 색상이 의도한 색상과 현저히 다른 경우 등이 있을 수 있습니다. 하지만 잘 보이지 않는 약간의 잉크 튐, 색상 오류 등은 재작업이 받아들여지지 않을 수 있으며, 업체에서 물품을 회수하여 확인할 수도 있습니다. 이 경우 반송 기간, 재작업 기간 등이 추가되어 예정된 일정보다 시간이 더 걸릴 수 있다는 것을 염두에 두어야 합니다.

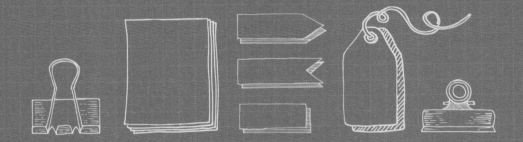

# 프로크리에이트 실습하기

디지털 드로잉을 쉽게 할 수 있는 프로크리에이트에 대해서 알아볼게요.
새 캔버스를 열어서 그림을 그리고, 색을 칠하는 방법부터 레이어를 활용하여
다양한 그림을 그리는 방법에 대해 알아보아요.

# 프로크리에이트 메뉴와 도구 살펴보기

먼저 프로크리에이트의 기본 구성 화면과 도구를 알아볼게요. 프로크리에이트는 직관적인 인터페이스를 가지고 있어서 크게 어려운 부분은 없으니 쉽게 따라 할 수 있어요.

## 새 창 열기

프로크리에이트를 실행해서 그림을 그릴 수 있는 캔버스를 여는 방법을 알아보겠습니다. 프로크리에이트를 실행하고 오른쪽 상단에 [+] 버튼을 누르면 캔버스를 생성할 수 있습니다. 프로크리에이트에서 기본적으로 제공하는 크기의 캔버스들이 있고, 그 밑으로는 여러분이 생성한 크기의 캔버스 정보가 쌓이게 됩니다. '새로운 캔버스' 옆 ▬를 누르면, 캔버스 설정 창이 뜹니다. 화면을 보면서 자세하게 살펴보겠습니다.

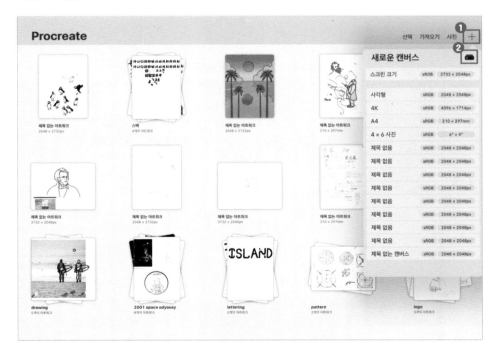

## 크기

① **제목 없는 캔버스**: [제목 없는 캔버스]를 터치하여 해당 캔버스의 제목을 설정할 수 있습니다. 자주 사용하는 캔버스는 자신이 알아볼 수 있도록 적당한 이름을 입력해두세요.

② **너비, 높이**: 너비와 높이를 클릭하면 크기 단위를 선택할 수 있습니다. 크기 단위는 밀리미터, 센티미터, 인치, 픽셀로 선택할 수 있습니다. 웹·모바일용으로 사용하는 경우에는 픽셀로 설정하고, 인쇄용 굿즈 제작을 위해서는 밀리미터와 센티미터 단위를 추천합니다. 굿즈를 위한 일러스트를 그릴 경우에는 내가 제작하려는 제품의 크기보다 조금 더 크게 설정하여 그림을 그리는 게 좋아요.

③ **DPI**: DPI는 'Dots Per Inch'라는 뜻으로 가로세로 1인치 면적 안에 표시할 수 있는 점의 개수를 뜻합니다. 어렸을 때 배웠던 점묘화를 생각하면 쉽습니다. 똑같은 면적 안에 더 많은 점을 찍을수록 그림을 선명하게 볼 수 있겠죠? 웹·모바일의 경우 72dpi도 충분하지만, 굿즈 제작을 위해서는 300dpi 이상으로 설정합니다. 중요한 부분이니 꼭 '300'이란 숫자를 외워주시기 바랍니다.

④ **최대 레이어 수**: 최대 레이어 수는 너비, 높이, DPI의 수치에 따라 변동됩니다. 현재 화면에서는 한 캔버스에 250개의 레이어를 만들 수 있다는 뜻입니다.

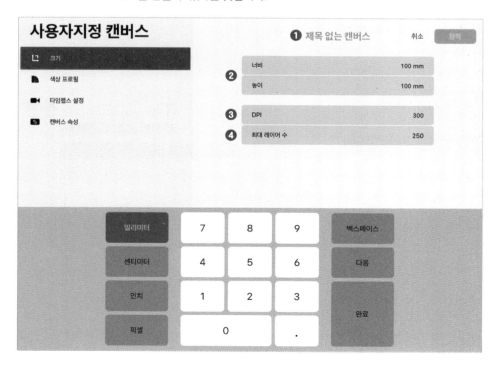

## 색상 프로필

색상 모드는 [RGB]와 [CMYK]로 나누어져 있습니다. 웹용은 RGB, 인쇄용은 CMYK입니다. 인쇄용으로 제작을 할 경우에는 CMYK로 제작하기를 권장하지만, RGB로 작업한 후 일러스트레이터에서 색상 모드를 변경할 수도 있기 때문에 색상에 민감한 작업이 아니라면 두 가지 색상 프로필 중 어떤 것을 선택해도 큰 문제는 없습니다. RGB에서는 크게 P3과 sRGB로 나뉘는데, P3은 조금 더 풍부한 색감을 표현하고, sRGB는 대부분의 웹 표준 색상이라고 생각하면 됩니다. CMYK는 가장 위에 있는 [Generic CMYK Profile]을 선택합니다.

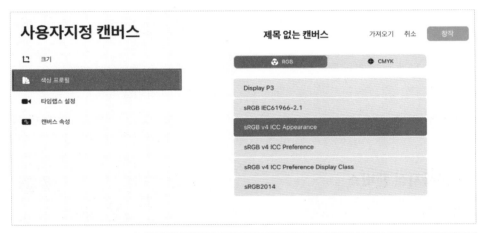

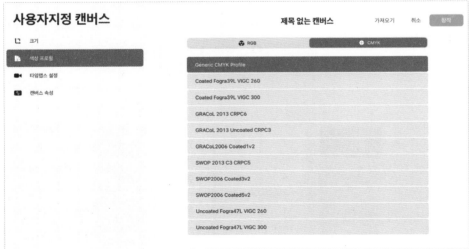

## 타임랩스 설정

타임랩스는 캔버스를 열어서 그림 그리는 과정을 빠르게 재생한 영상을 생성합니다. 화질은 [1080p], [2K], [4K]로 선택하고, 품질도 선택할 수 있습니다.

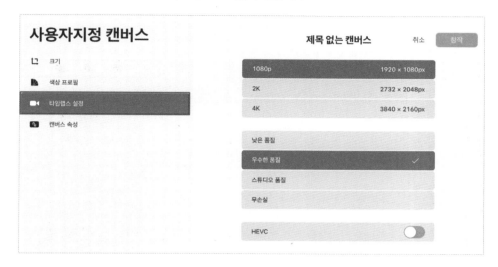

## 캔버스 속성

배경 색상을 정하고, 배경을 숨길지 여부도 설정할 수 있어요. 배경 색상은 보통 흰색으로 지정합니다. 이 설정은 캔버스를 연 후에도 레이어와 색상을 이용해서 변경할 수 있습니다. 설정을 완료하면 오른쪽 상단의 [창작]을 눌러 캔버스를 생성합니다.

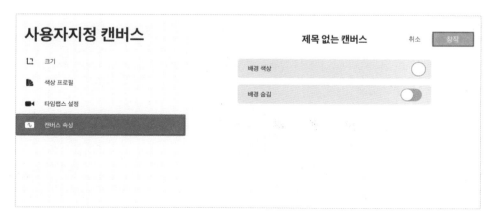

## 프로크리에이트 화면 인터페이스

앞으로 여러분이 작업할 작업 창입니다. 화면 상단에는 그림 도구와 다양한 설정이 가능한 메뉴 바가 있고, 왼쪽에는 브러시 크기와 불투명도 등을 설정할 수 있는 사이드 바가 있습니다. 가운데에 흰 상자가 여러분이 설정한 캔버스입니다. 캔버스는 자유롭게 축소 및 확대하면서 그릴 수 있습니다. 하나씩 조금 더 자세하게 살펴볼까요?

## 그림 도구

화면 상단 메뉴 바 오른쪽에 있는 그림과 관련된 도구부터 알아보겠습니다. 이 도구들은 그림을 그리면서 수시로 사용할 거예요.

## · 브러시

그림을 그릴 수 있는 브러시 도구입니다. 해당 도구를 터치하면 다양한 브러시를 보여주는 **[브러시 라이브러리]**가 나옵니다. 프로크리에이트는 기본으로 제공되는 브러시가 다양하므로 하나씩 사용하며 그림에 맞는 브러시를 사용해보길 추천합니다. 제공되는 브러시를 터치하면 브러시의 설정을 조정할 수 있는 **[브러시 스튜디오]**가 나옵니다. 여기서 브러시의 여러 속성을 원하는 대로 수정해 사용할 수도 있습니다.

Tip [브러시 스튜디오]에서 [안정화]를 선택한 후 StreamLine 혹은 안정화에 있는 [양] 값을 높일수록 조금 더 반듯하게 선을 그릴 수 있습니다.

## · 스머지

색상을 손가락으로 문질러서 섞거나 흐릿하게 할 수 있는 도구입니다. 색상과 색상을 자연스럽게 섞는 경우에 사용할 수 있습니다.

## · 지우개

브러시를 지울 수 있는 지우개 도구입니다. 브러시와 마찬가지로 아이콘을 터치하면 **[브러시 라이브러리]**가 나와서 원하는 질감의 브러시로 지우개를 설정할 수 있습니다. 사용한 브러시와 같은 종류의 브러시를 사용하면 지우개 또한 브러시처럼 섬세하게 사용할 수 있습니다

**· 레이어**

그림을 그릴 수 있는 레이어를 편집할 수 있는 공간입니다. 배경 색상도 이곳에서 지정할 수 있습니다. 오른쪽 상단에 [+]을 이용하여 레이어를 추가할 수 있으며, 각 레이어를 오른쪽에서 왼쪽으로 밀면 잠금, 복제, 삭제를 할 수 있는 버튼이 나타납니다.

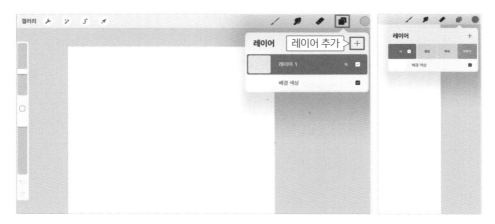

**· 색상**

색상을 선택할 수 있는 공간입니다. 하단에 [디스크], [클래식], [하모니], [값] 중 여러분이 보기 편안한 방식을 선택하여 사용하면 됩니다. [팔레트] 탭은 자주 사용하는 색상을 구성하여 사용할 수 있습니다.

## 메뉴 바

메뉴 바 왼쪽에 있는 다양한 설정 도구에 대해서 알아보겠습니다.

· **갤러리**: [갤러리]를 터치하면 여러분이 그린 그림들을 보고, 정리할 수 있습니다.

· **동작**: 캔버스 내에서 사진이나 파일을 삽입하고, 공유, 조정하는 데 필요한 기능이 있습니다. 동작 내 [공유] 탭에서는 그린 그림을 저장할 수 있습니다. 이미지 공유에서 확장자를 저장할 수 있는데, PSD, JPEG, PNG 등으로 저장하기를 추천합니다. 생성된 레이어를 보존한 상태로 일러스트레이터에서 열려면 포토샵 파일인 PSD로 저장합니다. [비디오] 탭에서는 타임랩스를 녹화하고 저장할 수 있으며, [설정] 탭에서는 사용하기 편리할 수 있도록 인터페이스를 조정할 수도 있습니다.

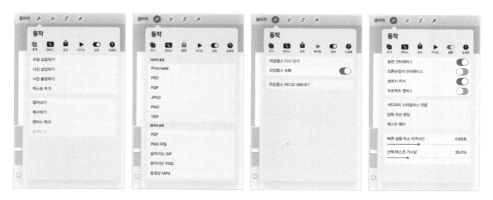

· **조정**: 이미지의 전체 색조, 채도 등을 조절할 수 있습니다.

· **선택**: [자동], [올가미], [직사각형], [타원] 네 가지 방법으로 그린 이미지를 분리하여 선택할 수 있습니다. [선택 도구]로 원하는 부분을 선택하여 이동, 복사, 붙여넣기 등을 할 수 있습니다.

· **변형**: 이미지를 확대, 축소, 회전, 이동 등 다양한 조정을 할 수 있습니다. 단, [변형 도구]를 이용하여 프로크리에이트 내에서 크기를 큰 폭으로 조절하면 그림의 화질이 저하되므로 주의하세요.

## 사이드 바

· **브러시 크기 조절**: 사이드 바의 윗부분은 브러시의 크기를 바로 조절하는 부분입니다. 슬라이더를 위아래로 올리거나 내리면서 사용합니다. 미세하게 조정하려면 슬라이더를 잡은 상태로 옆으로 끌어내어 위아래로 조절할 수 있습니다.

· **수정**: 중간에 정사각형 수정 버튼을 누르면 색상을 추출해내는 원래는 '스포이트(spuit)'가 맞습니다. 기능으로 사용할 수 있습니다. 스포이드 버튼을 누르지 않더라도 캔버스 위에 원하는 색상을 길게 누르면 원하는 색상을 추출할 수 있습니다.

· **브러시 불투명도 조절**: 사이드 바의 하단은 브러시의 불투명도를 조절하는 공간입니다. 브러시 크기 조절과 동일하게 슬라이더를 아래 위로 조정하여 사용할 수 있습니다.

· **실행 취소 및 재실행**: 위쪽 화살표를 누르면 마지막으로 수행한 작업을 실행 취소할 수 있습니다. 아래쪽 화살표를 누르면 다시 실행할 수 있습니다. 이는 뒤에서 설명하는 핸드 제스처를 이용하면 더 편리합니다.

## 핸드 제스처

프로크리에이트의 가장 편리한 기능 중 하나는 핸드 제스처입니다. 손가락 터치를 이용해서 실행 취소, 재실행, 복사, 붙여넣기 등 여러 가지 기능을 사용할 수 있습니다. 그림을 그릴 때 유용한 몇 가지 제스처를 함께 살펴보겠습니다.

· 두 손가락을 화면에 터치한 상태로 벌렸다가 줄여 캔버스나 그림의 크기를 확대 및 축소할 수 있습니다. 캔버스를 회전할 수도 있습니다.

· 두 손가락을 화면에 함께 터치하면 가장 최근에 실행한 작업을 실행 취소할 수 있습니다. 길게 누르고 있으면, 실행한 작업들을 연달아 취소할 수 있습니다. 멈추기 위해서는 손가락을 떼기만 하면 됩니다.

· 세 손가락을 화면에 함께 터치하면 실행 취소한 작업을 다시 실행할 수 있습니다.

· 세 손가락을 위나 아래로 스와이프하면, 복사, 붙여넣기, 잘라내기 등의 옵션을 선택할 수 있습니다.

· 네 손가락을 탭하면 메뉴 바와 사이드 바를 숨길 수 있습니다. 화면을 넓게 쓰고 싶을 때에는 해당 제스처를 이용하여 사용할 수 있습니다.

이외에도 여러 가지 핸드 제스처가 있습니다. 이 정도 기능만 알아두더라도 프로크리에이트를 자유롭게 사용할 수 있습니다.

# 프로크리에이트 활용하기

프로크리에이트 도구들을 실제로 사용해보면서 익숙하게 만들어볼게요. 브러시를 사용하여 반듯한 선을 만드는 방법부터 그림의 요소들을 이동하고, 그룹화하거나 병합하는 방법까지 알아볼게요. 차근 차근 따라와주세요.

## 브러시 및 채색 방법

### 반듯한 선 그리기

브러시로 간단한 도형을 그려볼게요. [브러시 도구]를 선택하고 펜슬로 캔버스를 그으면 구불구불한 선이 그려집니다. 반듯하게 선을 그리려면 선을 쭉 그린 후에 펜슬을 떼지 않고 있으면 직선이 나타납니다. 마찬가지로 삼각형, 사각형, 원 등 도형을 그릴 때에도 한 획으로 도형을 그린 후 펜슬을 떼지 않고 있으면 반듯한 도형이 나타납니다.

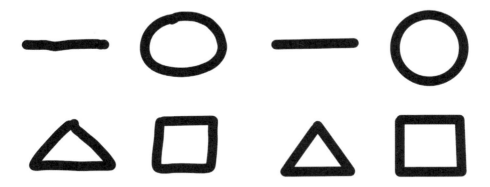

## 색상 칠하기

색상을 칠하는 데는 두 가지 방법이 있어요. 가장 익숙한 방법은 여러분이 실제 색연필을 사용하듯이 브러시를 선택하고 색을 채워주는 방법입니다. 두 번째 방법으로, 테두리를 그린 후에 메뉴 바 오른쪽 상단에 위치한 색 도구를 터치한 상태로 테두리 안쪽으로 끌어옵니다. 그럼 설정한 색으로 테두리 안쪽이 채워집니다. 이때 주의해야 할 점은 테두리로 그린 선이 잘 닫혀진 상태여야 한다는 점입니다. 설정 영역 테두리에 열린 부분이 있으면 바깥쪽까지 색이 채워져버려요. 그림의 면적이나 색상의 수에 따라서 두 가지 방법을 선택해서 사용할 수 있습니다.

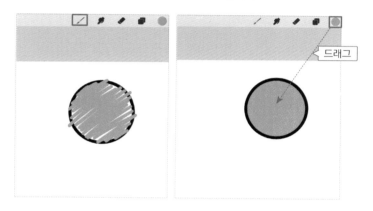

# 클리핑 마스크와 알파 채널

클리핑 마스크와 알파 채널은 이미 그린 그림 위에 색을 덧입힐 때 사용합니다. 두 가지는 같은 기능이 지만 레이어에서 차이가 있습니다. 클리핑 마스크 사용법부터 알아보겠습니다.

**1** 하나의 색칠된 원을 그립니다. 그리고 [레이어 도구]를 누릅니다. 그다음에 오른쪽 상단에 [+]을 눌러서 레이어를 하나 추가합니다. 추가된 레이어의 썸네일을 선택하면 여러 가지 옵션이 보입니다. 그중 [클리핑 마스크] 를 체크합니다.

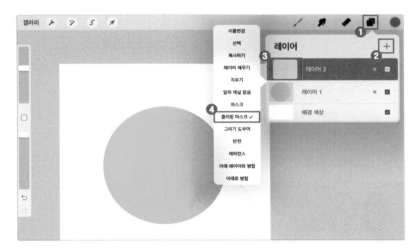

**2** 그 레이어 위에 그림을 그리면 클리핑 마스크가 씌워진 레이어인 노란색 원 안쪽으로만 그림이 그려집니다. 색상을 변경하거나 무늬가 있는 그림을 그릴 때 유용합니다. 클리핑 마스크를 해제하려면 클리핑 마스크 설정이 된 해당 레이어의 오른쪽에서 왼쪽으로 밀어서 삭제합니다.

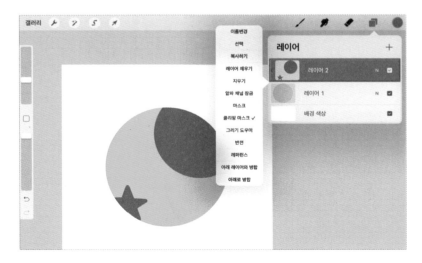

**3** 알파 채널도 결과물은 클리핑 마스크와 동일해요. 색칠된 원 레이어를 그린 후 [레이어] 도구의 썸네일을 클릭하고 [알파 채널 잠금]을 선택합니다.

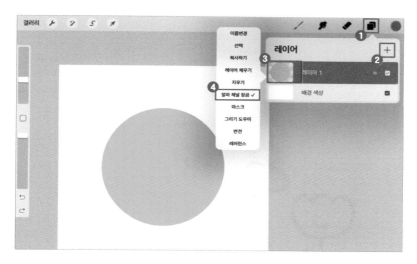

**4** 그럼 해당 레이어 안쪽으로만 그림을 그릴 수 있게 됩니다. 알파 채널은 클리핑 마스크와 다르게 따로 레이어를 추가하지 않고 하나의 레이어 안에서 그리기가 이루어집니다. 그렇기 때문에 알파 채널은 클리핑 마스크보다 추후 수정하기 어렵습니다.

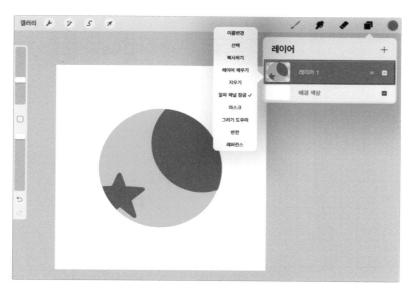

## 선택 도구와 변형 도구

[선택 도구]와 [변형 도구]를 활용하여 나비를 이동시켜 보겠습니다.

**1** 꽃과 나비 그림을 그린 후 [선택 도구]를 터치하고, [올가미] 탭으로 선택합니다. 이동할 나비 그림 주변을 펜슬로 그려서 지정합니다. 선택 영역이 점선으로 표시됩니다.

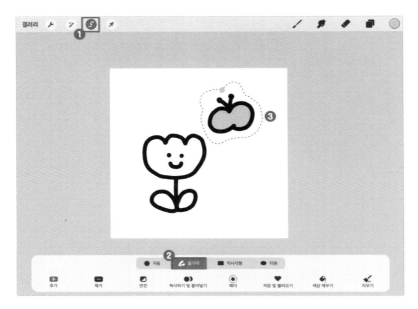

**2** [선택 도구] 옆에 있는 화살표 모양의 [변형 도구]를 선택합니다. 이때 주변에 생성된 점들은 크기 변형 및 회전에 사용되므로 이동 시에는 건드리지 않도록 주의합니다.

**3** 그림 안쪽이나 외부 여백을 터치한 후 드래그하여 위치를 조정하고 다시 한번 [변형 도구]를 터치하면 동작을 마칠 수 있습니다.

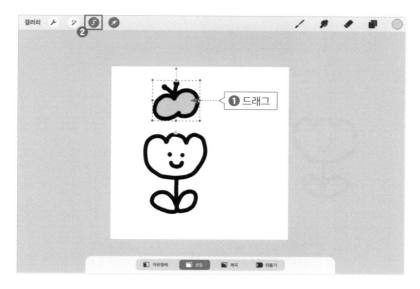

## 크기 조절 및 회전하기

[선택 도구]와 [변형 도구]를 활용하여 회전 및 크기를 조절해보겠습니다. 다만 앞에서 언급한 것처럼 프로크리에이트 내에서 확대, 축소, 회전을 하게 되면 그림의 화질이 저하되므로 권장하지 않습니다.

**1** [선택 도구]를 터치하고, [올가미] 탭을 선택한 상태에서 나비 그림 주변을 선택한 후 [변형 도구]를 터치합니다.

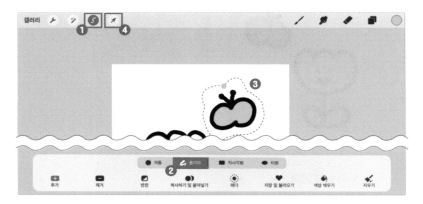

**2** 크기 변형은 주변 파란색 점을 선택한 후 드래그하여 크기를 확대하거나 축소합니다. [균등] 탭에서 크기를 조절하면 비율이 고정된 상태로 확대 및 축소가 가능합니다.

**3** 이 상태에서 상단 초록색 점을 선택한 후 드래그하여 원하는 방향으로 회전할 수 있습니다.

# 레이어

## 레이어 그룹과 병합하기

모자를 쓴 아이를 그리면서 레이어 그룹과 병합에 대해 알아보겠습니다.

**1** 아이의 얼굴을 그립니다.

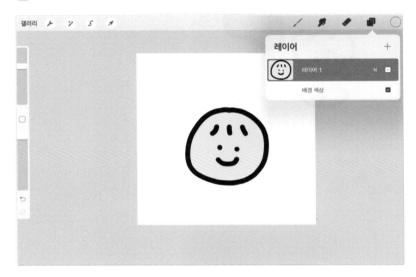

**2** [레이어 도구]를 선택하고 [+]를 눌러 레이어를 추가합니다.

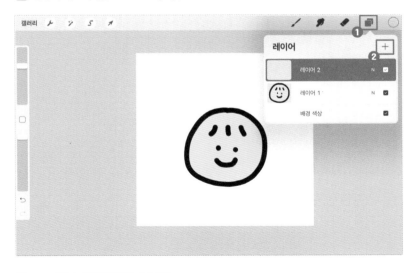

**3** 추가된 레이어에 모자를 그립니다.

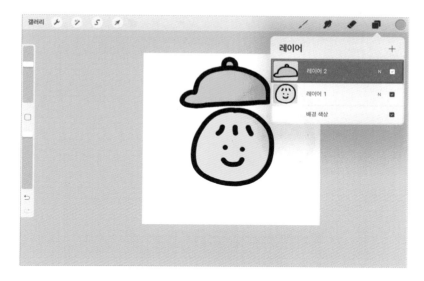

**4** 모자가 그려진 레이어가 선택된 상태로 [변형 도구]를 선택합니다.

**5** 모자를 아이의 머리 위로 옮깁니다.

**6** 두 개의 레이어 중 위에 위치한 모자 레이어를 선택하고 썸네일을 누릅니다. 옵션에서 **[아래로 병합]**을 선택하여 두 개의 레이어를 그룹화합니다.

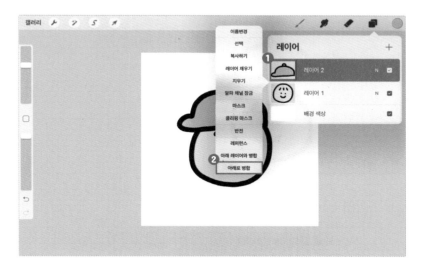

**7** [새로운 그룹] 그룹명을 선택한 후 [변형 도구]를 이용하면 그룹에 속한 레이어를 한 번에 이동할 수 있습니다.

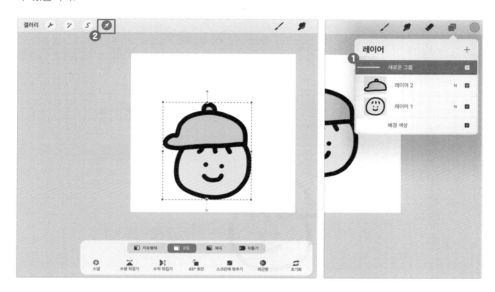

**8** 그룹명을 터치하면 그룹의 이름을 변경할 수 있습니다.

## 레이어 병합하기

레이어를 병합하는 방법에는 두 가지가 있습니다. 그룹화된 상태에서 병합하거나 개별 레이어를 바로 병합하는 방법입니다.

**1** 그룹화된 레이어의 경우 그룹명을 선택하여 나타는 옵션 중 **[병합]**을 선택하면 하나의 레이어로 병합됩니다.

**2** 개별 레이어를 병합할 땐 위에 있는 레이어의 썸네일을 선택하여 나타나는 옵션 중 **[아래 레이어 와 병합]**을 선택하면 하나의 레이어로 병합할 수 있습니다.

## 이미지 내보내기

이제 프로크리에이트에서 그린 그림을 일러스트레이터에서 수정할 수 있게끔 이미지 파일로 내보낼 차례입니다.

1 내보낼 이미지를 열어둔 상태에서 상단 왼쪽의 **[동작]**을 누르세요. 메뉴 중 **[공유]**를 누릅니다.

2 내보낼 이미지의 파일 형식을 선택합니다. 여기서는 **[JPEG]**(JPG)를 선택합니다. **[PNG]**나 **[TIFF]**로 해도 괜찮아요. 포토샵에서 작업한다면 **[PSD]**를 선택하면 됩니다.

**3** 이미지 내보내기가 진행된 다음 파일을 내보낼 수 있는 여러 가지 옵션이 나타납니다. 맥북이나 아이맥을 쓴다면 블루투스로 연결된 [AirDrop]을 통해 간편하게 파일을 옮길 수 있습니다. 다른 기기를 쓴다면 구글 드라이브, 네이버 클라우드, 드롭박스 등 자신이 쓰는 파일 공유 서비스로 파일을 내보낼 수 있습니다. 여기서는 [파일에 저장]을 선택합니다.

**4** 파일명을 입력하고, [Google Drive]를 선택한 뒤 [저장]을 누릅니다.

**5** 잠시 후 PC에서 구글 드라이브에 접속해 파일명을 검색하면 프로크리에이트에서 내보낸 이미지를 확인할 수 있습니다.

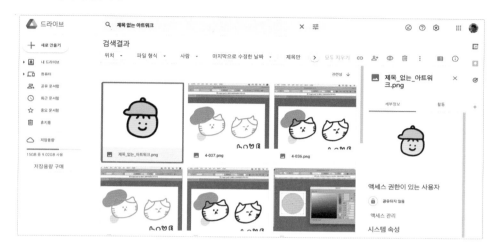

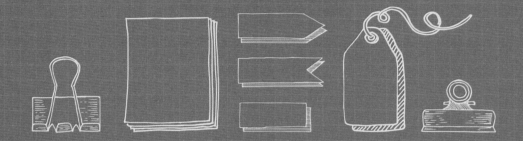

# 인쇄물 제작 시 알아야 할 기본 지식

이미지를 굿즈로 만들려면 반드시 종이 같은 실제 물체에 인쇄하는 과정이
필요합니다. 인쇄 시 이미지의 색상과 해상도가 어떻게 표현되는지, 종이의 종류를
비롯해 코팅 같은 후가공에 따라 실제 완성물의 질감이 어떻게 달라지는지 모른다면
기껏 만든 굿즈 결과물이 생각과는 판이하게 다를 수도 있어요. 여기서는 색상 모드
및 해상도, 비트맵과 벡터 모드의 차이, 굿즈에 사용하는 종이와 코팅 방식 및 실제
업체 선정까지 살펴보겠습니다.

# CMYK 색상 모드와 색상 설정하기

우리가 컴퓨터나 스마트폰 화면에서 보는 색상과 종이 등 인쇄물에서 보는 색상은 서로 다른 방식(색상 모드)으로 나타냅니다. 이번에는 RGB 색상 모드와 CMYK 색상 모드에 대해 알아보고 색상을 설정하는 법에 대해 알아보려고 합니다. 웹 화면용 색상인 RGB 색상 모드는 빨강, 녹색, 파랑 세 가지 색을 섞어 색상을 표현하고, 인쇄용 색상인 CMYK 색상 모드는 시안(Cyan), 마젠타(Magenta), 노랑(Yellow), 검정(Black) 네 가지 색을 섞어 제작자가 의도한 색상을 설정합니다. 굿즈는 인쇄물이므로 CMYK 색상 모드로 색상을 표현하는 데 익숙해야 합니다. 특히 CMYK 색상 모드로 색상을 지정할 때는 CMYK 중 최대 3가지 색상을 사용하며, 색상 값의 총합은 240%가 넘지 않아야 합니다. 또 검은 색을 지정할 때 유의해야 할 점도 살펴보겠습니다.

## RGB 색상 모드와 CMYK 색상 모드

RGB 색상 모드란 R(Red), G(Green), B(Blue)를 이용하여 색을 표현하는 방법입니다. 주로 컴퓨터 모니터나 핸드폰 화면 등에서 사용됩니다. 그래서 핸드폰 배경화면이나 SNS 프로필 사진 등을 제작할 때에는 RGB 색상 모드를 이용합니다.

CMYK 색상 모드는 C(Cyan), M(Magenta), Y(Yellow), K(Black)를 이용하여 색을 표현하는 방법입니다. 여기서 시안(Cyan)은 하늘색에 가까운 청록색이며, 마젠타(Magenta)는 분홍색에 가까운 자주색입니다. 주로 인쇄용에 사용되므로, 굿즈 제작을 하려면 CMYK 색상을 설정하는 법에 익숙해져야 합니다. CMYK는 각 색상 값을 높일수록 어두워지며, 물감을 섞어서 사용하는 원리와 같습니다. 따라서 작업 시 CMYK 색상 모드를 사용하여 값을 설정하면 실제 인쇄물은 모니터에서 보이는 것보다 조금 더 탁하게 보일 수 있습니다.

CMYK 색상 모드에서 C, M, Y, K의 각 색상 값(잉크 농도)은 0~100(%)로 설정할 수 있습니다. CMYK 값을 더하여 한 가지 색상을 만들었을 때, 색상 값의 총합은 250%를 넘지 않아야 합니다. 색상 값이 250%를 넘으면 잉크가 종이 뒷면에 묻어 나오거나 인쇄 오류가 일어날 수 있으니 꼭 이 값을 기억하세요. 또한 C, M, Y, K의 각 값은 최대 3개까지 지정해야 합니다. 한 가지 색에 CMYK 4가지 전부를 지정하면 인쇄 오류가 일어날 확률이 큽니다.

다음 그림의 두 파란색 원은 눈으로 보기에는 큰 차이는 없지만, 실제 인쇄용으로 더 적합한 것은 무엇일까요? 바로 오른쪽 원입니다. 이 구분은 두 색의 CMYK 색상 값을 살펴보면 알 수 있습니다.

왼쪽 원의 색상 값은 [C100, M76, Y15, K15]이고, 오른쪽 원의 색상 값은 [C95, M60, Y0, K35]입니다.

왼쪽 원은 CMYK 값의 총합이 250%를 넘지는 않았지만, C, M, Y, K 4가지 색상 값을 전부 지정했습니다. 물론 노란 끼가 도는 파랑을 만들려고 Y 값을 지정하거나, 파랑을 좀 더 어둡게 하려고 K 값을 넣을 수도 있겠지만, 그렇다고 파랑에 Y와 K를 다 섞으면 불필요한 색들이 섞여서 인쇄 오류가 날 확률이 높습니다. 오른쪽 원은 총합이 190%에 C, M, K 세 가지 값을 지정했으므로 왼쪽 원보다 더 인쇄용으로 적합한 색상 값입니다.

### · 검은색을 설정할 때는 K 100%로 지정하자

검은색을 설정할 때는 K 100%를 이용합니다. 검은색은 다른 색상에 비해 구분하기 어려우므로, 인쇄물 파일 작업 시에 검은 부분의 CMYK 값을 꼭 확인하세요.

왼쪽 원의 색상 값은 [C80, M80, Y70, K90]이고, 오른쪽 원의 색상 값은 [C0, M0, Y0, K100]입니다.

앞의 원과 같이 CMYK 색상 값을 전부 높게 설정하여 검은색을 만들 수도 있지만, 인쇄 시에는 오른쪽 원과 같이 K 값만 100%로 설정하는 것이 좋습니다.

다만 조금 더 진한 검정을 얻기 위해 C 20~30%를 추가하거나 다른 색상 값을 섞는 경우도 있습니다. 왼쪽 원은 [K100], 오른쪽 원은 [C20, M0, Y0, K100]입니다.

흰색은 CMYK 값을 전부 0%로 설정합니다.

회색은 K 값을 줄여서 표현합니다. 다음은 차례대로 [K10], [K30], [K60], [K90]으로 색상 값을 지정하여 회색의 농도를 조절한 것입니다.

**Tip** 색상 설정이 어려울 때는 색상 팔레트로 확인해 보자

처음에 어떤 값을 늘려야 할지 감이 오지 않을 때에는 포털 사이트에서 CMYK 색상 팔레트를 검색하여 대략적인 색상 값을 알아봅니다. 혹은 일러스트레이터에서 색상 피커에서 원하는 색상을 선택합니다. 그 값을 기본으로 색상 값을 조금씩 조절하면서 명도와 채도 등을 조정하여 원하는 색상을 만들 수 있습니다.

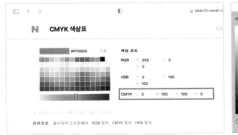

혹은 인터넷 쇼핑몰이나 인쇄소에서 CMYK 컬러 북 혹은 컬러 샘플 북을 구매할 수 있습니다. 같은 CMYK 색상이 각각의 종이 재질, 코팅 방법마다 어떻게 달라지는지 확인할 수 있습니다. 보통 인쇄소에서 샘플 컬러북을 저렴하게 판매하므로 여기서 구매해서 굿즈를 기획하고 제작할 때 참고하기를 추천합니다.

**・샘플 북을 구매할 수 있는 온라인 사이트**
성원애드피아 홈페이지(www.swadpia.co.kr)에 접속해서 회원 가입 후 로그인합니다. 상단 메뉴에서 [기획상품]-[샘플북/칼라차트북]을 선택합니다. 일반지, 고급지, 스티커, 플라스틱 샘플지와 스노우지 칼라차트북, 아르떼 칼라차트북, 모조지 칼라차트북 등 다양한 종류의 샘플북을 구매할 수 있습니다.

# 비트맵과 벡터 모드 및 해상도

앞으로 그래픽 프로그램을 사용하면서 많이 접하게 될 개념인 비트맵(bitmap)과 벡터(vector)에 대해서 알아보려고 합니다. 비트맵과 벡터의 차이점을 알아두면 이미지의 종류에 따라 프로그램을 골라써야 하는지 알 수 있습니다. 또한, 인쇄물의 선명도에 영향을 끼치는 해상도에 대해서도 알아보겠습니다.

## 비트맵 모드

이미지 파일을 확대해 보면 화질이 계단처럼 깨지는 것을 본 적이 있나요? 이런 이미지를 자세히 들여다 보면 작은 사각형들이 모여서 하나의 이미지를 만드는 것을 알 수 있습니다. 이 작은 사각형들을 픽셀(pixel)이라고 합니다. 이 픽셀들이 모여 만든 이미지가 바로 비트맵 이미지입니다. 비트맵 이미지는 색상 값을 가진 픽셀들을 이용하여 이미지를 나타냅니다.

픽셀의 수가 많아질수록 화질이 좋아지고, 파일의 용량도 커지게 됩니다. 주의할 점은 이미지 크기를 늘리거나 줄이면 이미지가 깨진다는 것입니다. 우리가 사용하는 드로잉 앱인 프로크리에이트도 비트맵 기반이기에 그림을 그린 후 크기 조절을 하면 이미지가 깨지는 것을 볼 수 있습니다.

그렇기 때문에 프로크리에이트에서 그린 그림을 굿즈로 만들 때에는 조금 더 선명한 이미지를 위하여 일러스트레이터에서 깨지지 않는 벡터 이미지로 바꾸어주는 과정을 거친 후 크기를 조절하게 됩니다.

그럼 비트맵 이미지는 왜 사용하는 걸까요? 바로 사실적인 표현과 풍부한 색감 표현이 가능하기 때문입니다. 그래서 주로 사진을 보정하거나 합성하는 데 활용되며 수채화, 오일파스텔 등으로 그린 그림의 색상 및 질감의 표현도 자연스럽습니다. 비트맵 이미지를 사용하는 대표적인 프로그램으로 어도비 포토샵이 있습니다.

## 벡터 모드

벡터 이미지는 수학적으로 이루어진 값을 이용하여 점, 선, 도형 등을 이미지로 나타내는 것입니다.

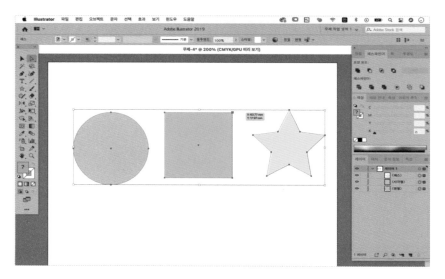

함수 값을 이용하는 것이기 때문에 확대하거나 축소해도 처음과 같은 선명도를 유지합니다. 벡터 모드를 사용하는 대표적인 프로그램으로 일러스트레이터가 있습니다. 프로크리에이트에서 그린 그림은 비트맵 파일이므로, 인쇄 목적으로 제작할 경우 일러스트레이터에서 벡터화하는 과정을 거칩니다. 그럼 더 깔끔하고, 선명한 제품을 받아볼 수 있으며, 크기를 조절하기도 편리합니다. 다만 정해진 함수 값을 이용하기에 비트맵 이미지만큼 자연스러운 색상 표현이 어렵습니다. 직접 그린 손그림이나 사진 등을 굿즈로 제작할 때 벡터화 과정을 따로 거치면 색상 표현이 자연스럽지 않아 벡터로 변환하지 않는 게 좋습니다. 이런 경우 픽셀 하나하나 값을 설정할 수 없으므로, 사진의 원본 혹은 밝기와 색상 등만 원하는 대로 조절하여 인쇄하기를 추천드립니다.

## 해상도

해상도는 일정한 면적에서 몇 개의 픽셀로 채워서 이미지를 표현했는지를 말합니다. 미술 시간에 배웠던 점묘화를 생각해 보면 이해하기 쉬울 것입니다. 같은 크기의 종이라면 점을 더 많이 찍을수록 더 그림이 선명해지겠죠? 해상도가 높을수록 선명한 이미지를 나타낼 수 있습니다.

해상도를 나타내는 단위로는 DPI(Dots Per Inch), PPI(Pixels Per Inch)가 있습니다. DPI는 인쇄용, PPI는 모니터용 단위입니다. 사용되는 곳만 다를 뿐, 같은 의미이기 때문에 굳이 구분하여 기억하지 않아도 됩니다. 우리가 모니터 속에서 보는 이미지들은 72dpi로만 작업해도 충분하지만, 인쇄 시에는 꼭 300dpi 이상으로 설정하여 제작해야 합니다. 해상도는 보통 프로그램을 열어 새 파일을 만들 때 설정할 수 있으므로, 처음부터 반드시 정확하게 체크한 후에 진행하세요.

72dpi

300dpi

밝기와 명암 등을 조정한 보정본

## Lesson 03 · 종이 및 코팅

본격적으로 제품을 제작하려면 어떤 종이를 쓰고 어떤 코팅 방식을 사용하여 인쇄할지 고민해봐야 합니다. 종이와 코팅 종류에 따라 인쇄물의 분위기가 아예 달라지기도 합니다. 종이와 코팅에 대해 익숙해지는 가장 좋은 방법은 직접 만져보고 여러 가지 옵션을 선택하여 실제로 인쇄해보는 것입니다. 인쇄업체의 온라인 사이트 등에서 여러 가지 샘플 북을 별도로 판매하므로 이를 참고해도 좋습니다.

### 종이

제품에 따라 사용할 수 있거나 어울리는 종이는 전부 다릅니다. 또한, 업체에서 사용할 수 있는 종이가 한정되어 있기 때문에 제품을 만들기 전 미리 확인해보세요. 이번 장에서는 많은 종류를 비교해볼 수 있는 엽서와 스티커를 살펴보면서 종이의 특성을 파악해보겠습니다.

#### · 스티커

스티커는 목적에 따라 종이를 선택합니다. 주로 사용하는 용지는 아트지, 유포지, 모조지, 투명데드롱, 리무버블 용지 등이 있습니다.

① 아트지: 가장 일반적으로 광범위하게 사용되는 종이입니다. 라벨지, 바코드 용지, 팬시용 스티커 등으로 사용됩니다. 아트지는 코팅을 하지 않으면 쉽게 찢어지기 때문에 대부분 코팅 후가공을 거칩니다.

② 유포지: 자체 코팅이 되어 있는 합성지로 물에 젖지 않고, 잘 찢어지지 않습니다. 아트지와 더불어 스티커 제작에 많이 쓰이는 종이입니다.

③ 모조지: 모조지는 A4 용지와 같은 복사 용지 재질을 생각하면 됩니다. 스티커 위에 글을 쓸 수 있으므로, 이름표나 메모용 스티커로 만들기에 적당합니다.

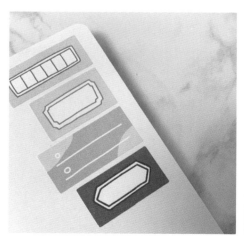 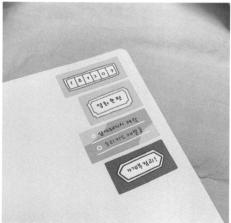

④ 투명데드롱: 투명한 재질의 스티커 용지입니다. 작업 파일에서 흰색으로 설정한 부분은 투명하게 나오기 때문에 별색 인쇄를 옵션으로 추가하여 주문해야 합니다.

⑤ 리무버블 용지: 리무버블은 떼었다가 붙였다가 할 수 있는 용지로 노트북, 다이어리 표지 데코 스티커 등으로 많이 사용합니다. 흔적 없이 쉽게 떼었다 붙일 수 있습니다. 리무버블 아트지와 리무버블 유포지를 주로 사용합니다.

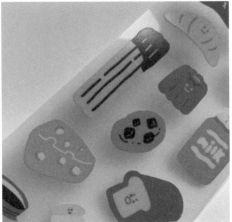

· **엽서**

엽서는 스티커보다 조금 더 다양한 종이를 사용할 수 있습니다. 종이마다 재질이 다를 뿐만 아니라 두께와 무게도 다르기 때문에 디자인의 분위기나 목적에 맞게 종이를 선택하는 것이 중요합니다. 엽서 용지를 고를 때에는 평량이 중요합니다. 평량이란 인쇄에서 종이의 두께를 나타낼 때 쓰는 단위로, 가로세로 1m×1m 면적의 종이 무게를 뜻하며, 그램(g) 단위로 나타냅니다. 동일한 용지라면 평량이 높은 제품이 더 두껍습니다. 하지만 종류가 다른 용지라면 평량이 같더라도 두께가 동일하지 않으며, 종이의 밀도와 재질에 따라 조금씩 다릅니다.

① 아트지(150g, 200g, 250g, 300g 등): 많이 사용되는 인쇄용지 중 하나입니다. 엽서를 만들 때에는 스티커에 사용하는 용지보다 평량이 높은 용지를 주로 사용합니다. 매끄러운 촉감과 광택으로 색상이 잘 표현됩니다. 잡지 표지, 명함, 전단지 등으로 사용됩니다.

② 스노우지(120g, 150g, 180g, 200g, 250g 등): 아트지와 더불어 많이 사용되는 인쇄용지입니다. 흰 종이에 광택이 없지만, 잉크가 인쇄된 부분은 은은한 광이 나 차분한 느낌을 줍니다. 명함, 카탈로그, 초대장 등에 많이 사용됩니다.

③ 랑데뷰(160g, 190g, 210g, 240g 등): 랑데뷰는 부드러운 질감의 고급 용지입니다. 색상 표현력이 좋아 많이 사용되는 용지입니다. 옅은 미색(연한 베이지색)의 랑데뷰 내츄럴이 있고, 백색의 랑데뷰 울트라 화이트가 있습니다. 잉크가 건조되는 데 시간이 조금 걸리기 때문에 주문 시 일정에 유의하기 바랍니다. 포스터, 리플렛, 도록 등에 많이 사용됩니다.

④ 매쉬멜로우 화이트(209g, 233g, 262g 등): 매쉬멜로우는 표면이 부드럽고 매끄럽습니다. 색상 표현력이 높은 용지입니다. 초대장, 포스터, 티켓, 쿠폰 등에 많이 사용됩니다.

⑤ 띤또레또(250g, 300g 등): 띤또레또는 연한 미색으로 엠보싱이 들어가 있어 스케치북의 감촉을 생각하면 됩니다. 인쇄 시 색상이 부드럽게 표현되어 자연스러우면서도 고급스러운 느낌을 줍니다. 수채화나 캘리그라피용으로도 많이 사용하는 용지입니다. 청첩장, 명함 등에 많이 사용됩니다.

⑥ 몽블랑(190g, 210g, 240g 등): 몽블랑의 표면은 종이의 결이 살아 있고, 색감 표현이 탁월하여 고급스러운 느낌을 줍니다. 화보집, 도록, 카탈로그 등에 많이 사용됩니다.

⑦ 아르떼(190g, 210g, 230g, 310g 등): 아르떼는 자연스러운 종이의 결이 살아있어 자연스러운 느낌을 줍니다. 무광택 용지이지만, 인쇄 후 광택이 은은하게 나타납니다. 인쇄 후 잉크 건조가 빠른 용지입니다. 카탈로그, 명함 등에 많이 사용됩니다.

**• 종이 사용 예시**

## 코팅

대표적인 코팅 종류로는 무광, 유광, 홀로그램 코팅이 있습니다. 코팅을 하면 종이가 쉽게 찢어지지 않고, 코팅법에 따라 색상이나 분위기를 바꿀 수 있습니다. 디자인에 맞게 코팅을 선택해 보세요.

① 유광 코팅: 유광 코팅은 광택이 있습니다. 일반적으로 주변에서 보는 광고 스티커나 제품 설명 스티커 등을 생각하면 됩니다. 색상이 조금 더 선명하게 나오고 빛을 반사합니다. 유광 코팅은 조금 더 발랄하고, 생생한 느낌을 줍니다.

② 무광 코팅: 무광 코팅은 광택이 없습니다. 표면이 보들보들한 느낌으로, 광이 나지 않아 유광 코팅에 비해 차분한 느낌을 줍니다. 파스텔 톤, 채도가 낮은 스티커 등에 잘 어울리며 고급스러운 느낌을 줍니다.

③ 홀로그램 코팅: 홀로그램은 어느 방향으로 빛을 받느냐에 따라 무지갯빛을 내는 오로라 코팅, 모래알 질감을 내는 작은 반짝이나 큰 반짝이, 유리 조각과 별처럼 모양이 들어간 코팅 등 다양한 종류가 있습니다. 용지에 인쇄한 후 홀로그램 코팅지를 덧붙이는 경우도 있지만 아예 홀로그램 용지 위에 인쇄를 하는 경우도 있습니다. 대개 유광 코팅과 무광 코팅에 비해 비용이 비싼 편입니다.

유광 코팅

무광 코팅

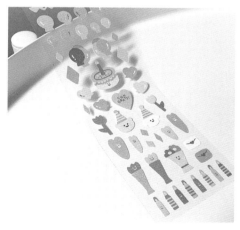

홀로그램 코팅

# 업체 선정 및 비용

요즘은 다양한 온라인 업체가 있기 때문에 굳이 발품을 팔아 인쇄소를 직접 찾아가지 않아도 쉽게 주문할 수 있습니다. 온라인 인쇄소는 가격도 저렴한 편이고, 소량 주문도 가능한 곳이 많기에 쉽게 이용할 수 있습니다. 넘쳐나는 업체 중에서 어떤 업체를 선정해야 하는지, 품목별로 대략적인 비용은 얼마인지 등에 대해서 살펴보겠습니다.

### · 온라인 인쇄소 vs. 오프라인 인쇄소

온라인 인쇄소는 성원애드피아, 애즈랜드 등 온라인 사이트에서 파일을 접수하여 바로 주문할 수 있는 곳입니다. 온라인 인쇄소라고 하더라도 인쇄 공장이 있어 제품을 직접 방문해서 수령할 수도 있습니다. 직접 문의를 하지 않더라도 사이트를 통해서 제작 가능한 물품, 규격, 금액 등을 알 수 있습니다. 굳이 인쇄소를 찾아가지 않아도 쉽게 물품을 제작하고, 배송으로 받아볼 수 있다는 장점이 있습니다.

오프라인 인쇄소는 대개 직접 방문 및 연락을 통하여 진행하는 곳입니다. 소량 제작보다는 대량 제작을 하는 경우가 많습니다. 정해진 규격, 모양, 재료 등이 아닌 물품을 만들고 싶다면 인쇄소에 문의하며 조율하는 것을 추천드립니다. 인쇄소와 직접적인 연락이나 방문을 통해 꼼꼼하게 제품 제작을 체크할 수 있다는 장점이 있습니다. 요즘은 대부분 온라인 사이트를 갖춰두고 있는 곳이 많아서 처음 시작하거나 소량 인쇄를 한다면 온라인 인쇄소를 추천합니다.

### · 제작 비용

제작 비용은 세부 설정과 업체에 따라 차이가 있습니다. 사이즈, 종이 종류, 코팅법, 후가공 등에 따라 비용이 추가될 수 있으며, 많은 수량을 주문할수록 1개의 물품당 단가가 낮아집니다. 최소 주문 수량이 1~10장 수준으로 정해진 곳도 있지만, 단가가 낮은 스티커 같은 제품의 최소 주문 수량은 500장, 1000장 단위로 늘어나기도 합니다. 메모지, 엽서, 혹은 칼선이 없는 단순 재단 스티커 등은 저렴한 편이라 주문 수량이 많아져도 크게 비싸지 않습니다. 온라인 인쇄소에서는 대부분 세부 정보를 입력하면 금액이 바로 표시되므로 미리 확인하고 비교해 볼 수 있습니다.

## ・업체 선정하기

다양한 업체가 있기 때문에 처음에는 최대한 많은 인쇄소를 이용해보고, 인쇄 및 배송 상태, 가격, 문의사항에 대한 응대, 사이트 이용 편리성, 최소 인쇄 수량 등을 비교해보기를 추천드립니다. 아무래도 제품을 만드는 것이기 때문에 물품의 질, 인쇄 상태가 가장 중요합니다. 그다음으로 비용을 따져볼 수 있는데, 무조건 저렴하다고 좋은 것은 아닙니다. 배송 기간이 길거나 불량 제품이 많을 수도 있으니까요. 또한 인쇄소에서 인쇄 오류가 있다면 재작업 신청을 해야 하는데, 인쇄소마다 규정이 다르고 응대 속도나 재작업 기간 등이 다르므로 인쇄소의 규정을 미리 확인해두는 것이 좋습니다.

제작하려는 물품의 소량 제작이 가능한지, 대량 제작만 가능한지 여부도 살펴봅니다. 모든 조건을 만족하는 인쇄소를 만나는 건 어려울 수 있기에, 여러분의 우선 순위는 무엇인지를 생각하여 제작 물품을 비교해보고 고정적으로 이용할 사이트를 몇 군데 정해두면 좋습니다. 인쇄소마다 파일 규정이 조금씩 다르기 때문에 단골 인쇄소를 정하는 것이 작업에 더 도움이 될 것입니다.

여러 상품을 만들 경우 묶음 배송 혹은 인쇄소 직접 배송 정책(일정 금액 이상 사용 혹은 월 금액 지불)을 운영하는 곳도 있습니다. 자주 사용하는 사이트가 있다면 직접 배송을 하는지 확인해 보세요.

## ・업체 소개

① 대량 생산에 적합한 인쇄소
스티커, 메모지 등 다양한 제품을 제작할 수 있습니다. 최소 수량은 500~1000매 단위이지만 개당 단가가 저렴합니다.

– 성원애드피아(www.swadpia.co.kr)

– 애즈랜드(www.adsland.com)

② 소량 생산에 유리한 인쇄소
스티커, 메모지, 패브릭 제품 등 인쇄 가능한 대부분의 제품을 제작할 수 있습니다. 최소 수량은 1~10장 단위로 등 소량부터 가능하며 대량 제작 시 개당 단가가 저렴해집니다. 일부 특수 제품의 경우 자체 프로그램을 사용해서 편리한 곳도 많습니다.

– 레드프린팅(www.redprinting.co.kr)

– 후니프린팅(www.huniprinting.com)

– 로이프린팅(www.roiprinting.co.kr)

– 와우프레스(www.wowpress.co.kr)

③ 분야별 유용한 제작업체

– 디테마테(www.detemate.co.kr): 마스킹테이프, 스티커 제작 사이트입니다.

– 오프린트미(www.ohprint.me): 소량 제작에 편리한 사이트로, 결과물이 깔끔한 편입니다.

– 킨스샵(smartstore.naver.com/kensshop): 씰 스티커로 유명한 제작 사이트입니다.

– 펀치몰(www.punchmall.com): 자체 프로그램으로 스티커를 만들 수 있는 사이트입니다.

– 미성출력(www.msprint.co.kr): 스티커 제작 사이트, 급한 인쇄물을 제작할 때 좋습니다.

– 마플(www.marpple.com): 의류, 패션잡화 등 소량 제작이 가능합니다.

– 스냅스(www.snaps.com): 사진 인화, 포토북, 스티커 등 소량 제작이 가능하며, 아크릴 키링 자체 제작 프로그램이 있습니다.

– 붐잉케이스(www.boom-ing.com): 커스텀 핸드폰 케이스 제작 사이트입니다.

– 몬스퍼(www.monsfer.co.kr): 자체 프로그램이 있는 커스텀 핸드폰 케이스 제작 사이트입니다.

– 투바이몰(www.tobuymall.com): 커스텀 핸드폰 케이스 제작 사이트입니다.

④ 포장용품 제작업체

포장용품 사이트는 대부분 비슷한 제품과 가격대이므로 몇 군데를 비교한 후 배송이 빠르고, 이용이 편리한 사이트를 고르는 것을 추천합니다.

– 박스몰(www.boxmall.net)

– 비닐닷컴(www.비닐닷컴.com)

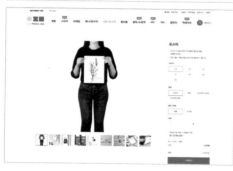

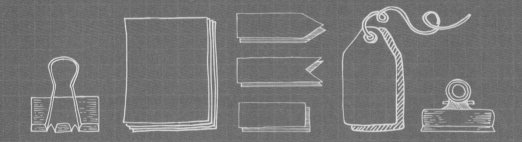

# 굿즈 제작을 위한 일러스트레이터

재단을 위한 작업선과 선명한 이미지 인쇄를 위한 작업을 할 수 있는 프로그램인
일러스트레이터에 대해서 배워 보겠습니다. 일러스트레이터의 시작과 도구 사용 및
작업하기 편리한 작업환경 설정 방법을 살펴보고, 굿즈를 만들 때 필요한 기능들을
위주로 조금 더 자세히 알아보겠습니다.

# 일러스트레이터 시작하기

가장 먼저 일러스트레이터를 다운로드하고 작업 창을 설정하여 여는 방법과 전체적인 구성 등을 살펴보겠습니다. 모든 기능과 단축키를 전부 외워둘 필요는 없습니다. 다만, 굿즈 제작에 자주 사용되는 도구와 기능들의 단축키는 자주 사용하여 외워놓으면 작업의 능률이 훨씬 올라갑니다.

## 일러스트레이터 다운로드하기

일러스트레이터는 어도비(Adobe) 사의 프로그램입니다. 어도비 홈페이지(www.adobe.com/kr)에서 구매하거나 체험판을 다운로드할 수 있습니다. 일러스트레이터만 개별적으로 받을 수도 있지만, 포토샵이나 인디자인 등 어도비의 모든 프로그램을 한 번에 할인된 가격으로 받을 수 있는 구성도 있습니다.

또한, 학생과 교사는 할인된 가격으로 사용할 수 있으니, 해당되는 내용이 있는지 홈페이지에서 확인해 보세요. 결제는 월이나 연 단위로 할 수 있습니다. 첫 다운로드 시 무료 체험 가능한 기간이 있으니, 학습 일정에 맞춰서 다운로드하기를 추천드립니다.

## 시작하기 창

일러스트레이터를 실행하면 작업 창을 만들 수 있는 홈 화면이 뜹니다. 새 창을 만드는 [새로 만들기]
버튼과 기존 파일을 불러올 수 있는 [열기] 버튼이 있습니다. [새로 만들기] 버튼을 클릭하여 새 작업
창을 만들어보겠습니다.

새로 만들기 문서 창 가장 앞 부분에는 최근에 사용한 작업 창의 기록을 볼 수 있습니다. 또한, 아이폰, 아이패드 등 종류별 모바일 및 웹 화면 사이즈, A4, B4 등 인쇄용 용지와 같이 정해진 사이즈의 사전 설정 문서를 제공합니다. 오른쪽 사전 설정 세부 정보에서 파일 제목, 사이즈, 색상 모드, 해상도 등을 설정할 수 있습니다.

① **파일명**: 작업 파일의 제목을 설정할 수 있습니다. 파일명은 날짜, 일러스트 내용, 제작할 제품명 등 본인이 알아볼 수 있도록 자유롭게 설정합니다. 파일명은 추후 수정할 수 있습니다.

② **폭과 높이**: 작업 창의 가로세로 길이를 입력합니다. 밀리미터, 센티미터 등 크기 단위를 선택할 수도 있습니다. 인쇄물을 위한 작업을 한다면, 실제 사이즈에 맞게 밀리미터 혹은 센티미터로 설정합니다. 작업 창의 사이즈는 대개 실제로 제작하는 크기보다 더 크게 설정합니다. 재단을 하기 때문에 실제 사이즈보다 여유롭게 지정해야 합니다. 이 여유분 수치는 보통 1~3mm 정도이고, 제품에 제작 과정이나 특성에 따라 여유분을 더 주거나 아예 주지 않는 경우도 있습니다. 이는 인쇄소마다 상이할 수 있으므로 작업 전에 인쇄소 사이트의 공지사항을 통해 확인하여 입력합니다.

③ **방향**: 작업 창의 방향을 설정할 수 있습니다. 폭(가로)과 높이(세로)를 제대로 입력했다면 굳이 재설정하지 않아도 되는 부분입니다.

④ **아트보드**: '대지'라고도 하며, 작업 창을 말합니다. 프로크리에이트의 캔버스와 같은 역할을 합니다. 일러스트레이터에서는 여러 작업 창을 한 번에 생성할 수 있습니다. 명함과 같이 앞, 뒤를 함께 만들거나 페이지를 연속해서 만들어야 하는 경우 등에는 아트보드 개수를 설정하여 함께 작업할 수 있습니다. 특별한 경우가 아니면 [1]로 지정하면 됩니다.

⑤ **도련**: 도련은 아트보드의 상단, 하단, 왼쪽, 오른쪽에 여백을 지정할 수 있습니다. 재단을 위해 필요한 여유분을 폭과 높이에 포함시키지 않고, 도련을 사용하여 지정할 수도 있습니다. 이 경우 여유분 영역에는 흰색의 아트보드가 생성되지 않습니다. 배경 색상이 있는 경우에는 아트보드만이 아닌 도련 선까지 채워야 합니다.

⑥ **색상 모드**: 색상 모드는 RGB 모드와 CMYK 모드가 있습니다. 인쇄용 작업을 할 때는 CMYK 색상 모드를 지정해줍니다.

⑦ **래스터 효과**: 해상도를 설정할 수 있습니다. 인쇄용으로 제작할 것이기 때문에 **[고(300ppi)]**로 설정합니다.

⑧ **미리보기 모드**: 기본값으로 설정해줍니다. 픽셀, 중복 인쇄 미리보기가 필요한 경우 화면 상단 **[보기]** 메뉴에서 모드를 변경할 수 있습니다.

## 화면 구성 살펴보기

① **메뉴**: 파일을 열고, 저장하고, 불러오는 기본적인 기능부터 도움말까지 9가지 영역의 기능이 제공됩니다. 클릭하면 하위 기능들이 나옵니다.

② **제어 패널(컨트롤 패널)**: 제어 패널은 사용하려고 하는 기능의 옵션을 조금 더 빠르게 설정할 수 있습니다. 예를 들어 **[문자 도구]**( **T** )를 클릭하면, 제어 패널에는 폰트, 크기, 정렬 등 문자에 관련된 옵션 설정을 나타냅니다.

③ **아트보드**: 일러스트레이터에서는 아트보드의 바깥 영역을 사용할 수도 있습니다. 이미지 추출 시 포함되지는 않지만, 개체를 아트보드 바깥으로 옮겨놓아 공간 활용을 하며 이미지를 만들 수 있습니다. 너무 많은 개체들을 놓게 되면 헷갈리거나 프로그램이 느려질 수 있으므로 정리하면서 사용하기를 추천합니다.

④ **패널**: 일러스트레이터 화면 오른쪽에는 각종 기능의 옵션을 선택할 수 있는 패널이 있습니다. 상단 메뉴의 **[윈도우]**를 클릭하면, 패널 창을 선택해 화면에 불러올 수 있습니다. 자주 사용하는 패널들

을 체크해 불러오고, 패널 상단을 드래그해 원하는 형태로 배치합니다. 굿즈 제작을 위해서는 레이어
패널과 색상 패널이 필수적이며, 정렬 패널, 패스파인더 패널, 획 패널, 투명도 패널, 이미지 추적 패널,
대지 패널, 문서 정보 패널, 특성 패널 등도 사용됩니다. 이외 패널들은 필요에 따라 열거나 닫아서 사
용하기 편리하게 정리합니다.

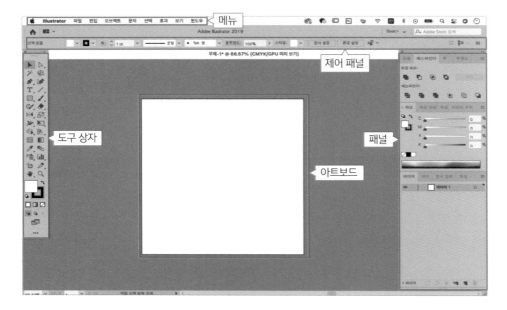

## ・레이어

패널 중 레이어 패널은 오른쪽 하단에 보기 편한 크기로 만들어 배치하세요. 일러스트레이터는 각 개체별로 레이어를 선택할 수 있으며, 작업하다 보면 많은 레이어가 생깁니다. 그래서 처음부터 레이어들을 여러 그룹으로 묶어서 정리해두는 것이 좋습니다. 또한, 스티커 인쇄용 데이터를 만들 때 칼선과 같은 작업선은 따로 레이어를 분리해둔 상태로 저장해서 접수해야 합니다.

## 작업 환경 설정

작업 화면에서 내가 자주 쓰는 도구와 패널을 띄워놓고 원하는 위치에 배치해두면 작업이 한결 편리해집니다. 하지만 도구와 패널을 옮겨둔 다음 일러스트레이터를 껐다가 다시 켜면 작업 환경이 기본 값 상태로 되돌아갑니다. 언제나 원하는 작업 환경을 그대로 쓸 수 있도록 이 작업 환경을 템플릿으로 저장해보세요. 작업 중 패널이 움직이거나 없어지더라도 만들어놓은 작업 환경 템플릿을 클릭하여 작업 창을 원래대로 정리할 수 있습니다.

**1** 원하는 위치에 도구와 패널을 배치합니다. **[윈도우]** 메뉴–**[새 작업 영역]**을 클릭합니다.

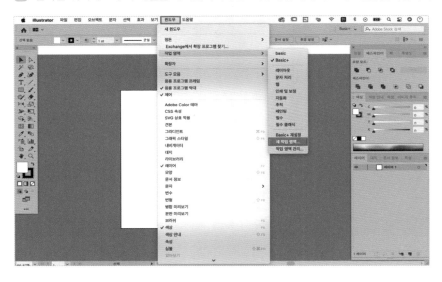

2 팝업 창에 작업 화면 이름을 입력합니다. [확인]을 클릭하세요.

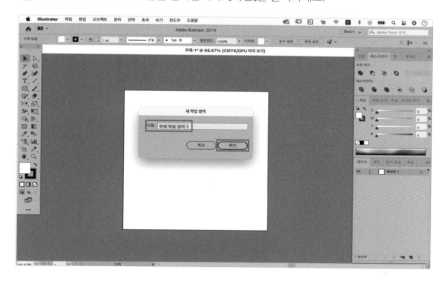

3 설정한 작업 화면으로 돌아가려면, [윈도우] 메뉴-[작업 영역]을 선택하고 하위 목록에서 원하
는 작업 화면 템플릿 이름을 선택합니다.

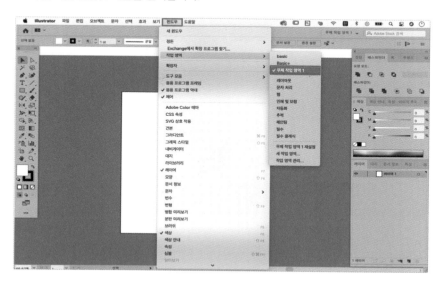

**4** [윈도우] 메뉴-[작업 영역]-[작업 영역 관리]에서 템플릿을 이름을 수정하거나 추가 및 삭제할 수 있습니다.

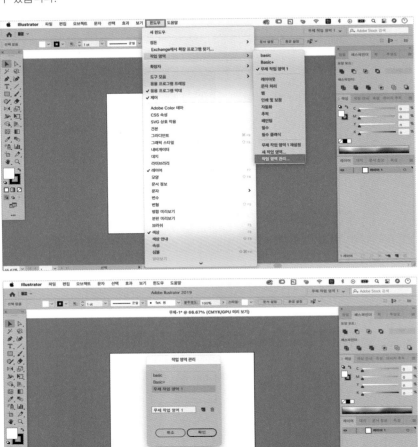

## 색상 모드 설정 및 변경하기

프로크리에이트 혹은 외부에서 불러온 그림을 확인하면 RGB 색상 모드인 경우가 있습니다. 이런 그림을 인쇄용으로 활용하려면 먼저 CMYK 색상 모드로 변경해야 합니다. 하지만 RGB 모드였던 색상을 CMYK 모드로 일괄 변경하면 CMYK의 값이 인쇄용에 걸맞지 않을 수 있습니다. 그러므로 늘 처음부터 CMYK로 작업해두는 습관을 들이세요.

색상 모드 설정 방법은 간단합니다. [파일] 메뉴-[문서 색상 모드]-[CMYK 색상]을 선택합니다. 이 상태에서 CMYK 색상 값을 지정하세요.

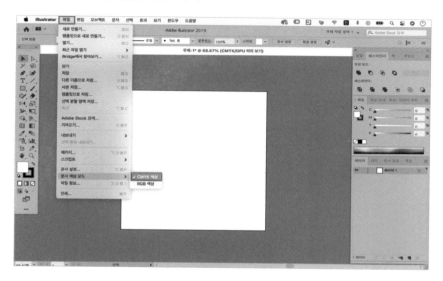

일러스트레이터를 사용하기 위해서는 도구 사용에 익숙해져야 합니다. 자주 사용하는 도구는 단축키를 외워서 사용하면 작업 시간을 훨씬 단축할 수 있습니다.

### 도구 상자

일러스트레이터에서 사용할 수 있는 도구를 모아놓은 곳입니다. 사용할 때는 각 도구를 선택하면 됩니다. 오른쪽 하단에 화살표 표시가 있는 도구의 경우, 도구를 클릭한 상태로 있으면 숨겨진 도구가 나타납니다. 나타난 도구 중에서 원하는 도구를 선택하여 사용할 수 있습니다.

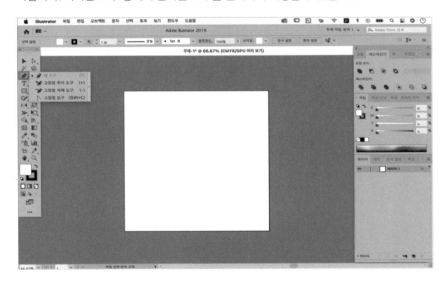

### 굿즈 제작에 꼭 필요한 도구 알아보기

굿즈를 제작하기 위해서 필요한 도구들과 빠르게 사용할 수 있는 도구의 단축키를 알아보겠습니다. 단축키를 굳이 외우지 않고 도구를 직접 선택하여 사용해도 되지만, 자주 사용하는 도구는 외워두는 것이 효율적입니다.

· **선택 도구(V)**: 전체 오브젝트(선, 도형, 이미지 등의 개체)를 선택하고, 이동할 수 있습니다.

· **직접 선택 도구(A)**: 오브젝트의 특정한 기준점을 직접 선택할 수 있습니다. 그룹으로 묶인 여러 가지 오브젝트들 중 일부 오브젝트를 개별 선택하여 수정 및 이동이 가능합니다. 그룹화 해제를 따로 하지 않아도 됩니다.

· **펜 도구(P)**: 기준점을 찍어 가며 직선과 곡선을 만들 수 있습니다. 이를 이용하여 여러 모양의 도형을 만들 수 있습니다.

· **고정점 추가 도구(+)**: [펜 도구]로 그린 패스 위에 고정점을 추가하여 모양을 변경할 수 있습니다. [고정점 추가 도구]를 선택한 뒤 패스 위에 원하는 위치에 클릭하면 고정점이 추가됩니다.

· **고정점 삭제 도구(−)**: [펜 도구]로 만든 기준점을 삭제할 수 있습니다.

· **고정점 변환 도구(shift + C)**: 패스의 점을 둥글게 변경할 수도 있고, 반대로 각지게 변경할 수도 있습니다.

· **문자 도구(T)**: 문자를 입력할 수 있는 도구입니다. 해당 도구를 클릭한 뒤 문자를 넣고자 하는 위치에 클릭하면 입력할 수 있습니다.

· **도형 도구(M)**: 사각형, 모서리가 둥근 사각형, 원형, 다각형, 별 모양과 같이 기본적인 도형을 쉽게 만들 수 있게 해주는 도구입니다. 해당 도구를 선택한 후 화면 위에 클릭하여 드래그하면 원하는 크기와 모양의 도형을 만들 수 있습니다. 정확한 수치의 도형을 만들고 싶다면, [도형 도구]를 선택한 후 아트보드 위에서 한 번 클릭하면 가로세로 수치를 정확히 입력할 수 있는 창이 뜹니다.

· **페인트 브러시 도구(B)**: 여러 질감의 브러시를 선택하여 자유롭게 그림을 그릴 수 있습니다.

· **스포이드 도구(I)**: 선택한 개체의 속성을 복사할 수 있습니다. 혹은 특정 색상을 추출하여 색상 창에서 확인할 수 있습니다.

· **손 도구(H)**: 일러스트레이터에서 작업 중인 화면을 클릭한 후 드래그하여 이동할 수 있습니다.

· **돋보기 도구(Z 또는 cmd + +)**: 화면을 확대할 수 있습니다. 단축키는 두 가지가 있으니 편한 것으로 사용하면 됩니다. 화면을 축소하려면 option + Z 혹은 cmd + −를 이용할 수 있습니다.

· **대지 도구(shift + C)**: 대지는 아트보드를 뜻합니다. [대지 도구]를 선택한 후 사용 중인 아트보드를 드래그하여 모양, 크기, 위치를 변경할 수 있습니다. 도구 상자의 [대지 도구] 아이콘을 더블클릭하면 대지 설정 옵션 창이 떠서 정확한 수치를 입력할 수 있습니다.

## 칠과 선의 색상 설정하기

① 초기값 칠과 선 버튼: 클릭하면 초기값인 흰색 칠 + 검은색 선으로 변경됩니다.

② 칠 버튼: 더블클릭하면 뜨는 색상 피커 창에서 칠 색상을 선택합니다. 색상 피커 창에서 원하는 색을 직접 선택하거나 CMYK 값을 직접 입력할 수도 있습니다. 색상이 채워지지 않은 경우에는 빨간색 사선이 그어진 사각 상자로 표시됩니다.

③ 선 버튼: 더블클릭하여 색상 피커 창에서 선 색상을 선택합니다. 색상을 선택하는 방법은 칠 버튼과 동일합니다.

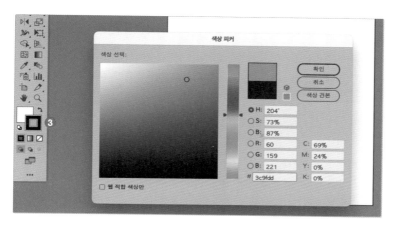

④ 칠과 선 교체 버튼: 해당 아이콘을 클릭하면 칠과 선의 색상을 서로 교체할 수 있습니다.

⑤ 색상, 그레이디언트, 없음 버튼: 선택한 개체를 각각 단색, 그레이디언트, 색상 없음으로 적용할 수 있습니다.

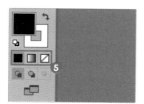

## 도형에 색상 적용하기

**1** 칠과 선 모두 색상을 적용한 경우, 테두리 선 두께를 조절하려면 만들어진 개체를 클릭하고 제어 패널에 나타나는 획의 수치를 입력하면 됩니다. 혹은 [윈도우] 메뉴에서 [제어]에 체크하고 오른쪽 색 상 패널에서 조절할 수 있습니다.

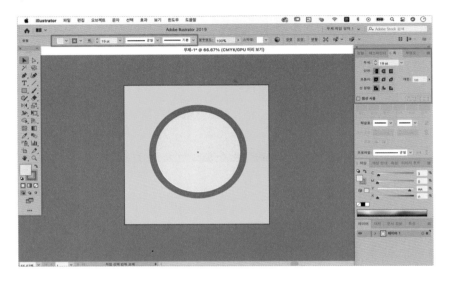

**2** 선에만 색상을 적용하면 칠 색상을 [없음]으로 했기 때문에 배경색이 보이게 됩니다.

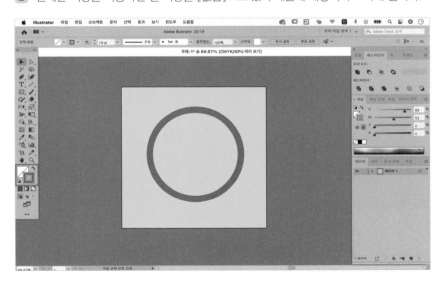

3 칠에만 색상을 적용하면 테두리 없이 색상이 나타납니다.

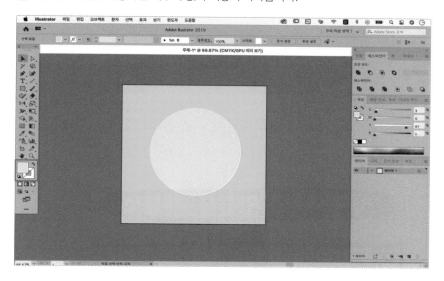

# Lesson 03 인쇄를 위한 작업선 만들기

일러스트레이터 툴을 활용하여 인쇄에 필요한 작업선(안전선, 재단선, 작업 사이즈)을 만들어볼게요. 보통 인쇄용 파일에서 재단선을 기준으로 작업 사이즈를 설정하고 안전선을 제작합니다. 굿즈나 업체마다 요구하는 사이즈가 다르기 때문에 만들고자 하는 제품의 치수를 꼭 재봐야 합니다.

작업 사이즈, 재단선, 안전선 한눈에 보기

· **작업 사이즈, 재단선, 안전선**

인쇄용 파일을 만들기 위해서는 세 가지를 기억하면 됩니다. 재단선, 작업 사이즈, 안전선입니다. 재단선은 자르는 선입니다. 재단선의 치수가 실제로 내가 받아 보는 인쇄물의 크기라고 보면 됩니다. 작업 사이즈는 재단선보다 보통 사방으로 1~3mm 큰 크기입니다. 일러스트레이터에서 작업용 파일을 열 때에는 이 작업 사이즈를 기준으로 열어줍니다. 혹은 도련(bleed)으로 이 수치를 설정합니다. 배경이 있는 인쇄물의 경우에는 배경색을 작업 사이즈까지 채워야 합니다. 안전선은 재단선 안쪽에 지정하는 영역입니다. 보통 재단선에서 사방 3mm씩 안쪽으로 설정합니다. 인쇄물에서 잘리면 안 되는 중요한 부분은 꼭 안전선 안쪽에 위치시켜야 합니다. 작업 사이즈와 안전선은 재단 시 생길 수 있는 오차를 줄이기 위하여 필요한 영역이므로, 수치는 재단선을 기준으로 생각하는 것이 편합니다.

단, 인쇄소와 제품마다 이 영역의 길이는 다를 수 있으므로 항상 제작 전에 먼저 확인해야 합니다. 보통 온라인 인쇄소의 경우, 원하는 인쇄물의 사이즈를 사이트에 입력하면 자동으로 작업 사이즈를 알려주므로 참고하세요.

· **예시**

90×90(mm) 떡메모지를 제작하고 싶을 때 업체에서 작업 사이즈와 안전선 규약을 먼저 확인합니다.

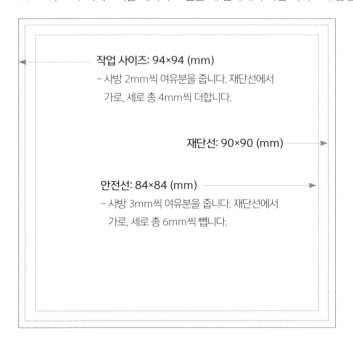

작업 사이즈: 94×94 (mm)
– 사방 2mm씩 여유분을 줍니다. 재단선에서
  가로, 세로 총 4mm씩 더합니다.

재단선: 90×90 (mm)

안전선: 84×84 (mm)
– 사방 3mm씩 여유분을 줍니다. 재단선에서
  가로, 세로 총 6mm씩 뺍니다.

## 재단선과 안전선 만들기

**1** 일러스트레이터에서 가로세로 95×95mm 크기의 문서를 새로 만듭니다. 색상 모든 [CMYK색상], 해상도를 지정하는 래스터 효과는 [고(300dpi)]를 선택하고 [제작]을 클릭합니다.

**2** 레이어 패널에서 기본 생성된 레이어의 이름 위를 더블클릭하면 레이어의 이름을 변경할 수 있습니다. 알아보기 쉽도록 [작업선]이라고 변경합니다. 새로운 레이어는 하단에 [새 레이어 만들기]를 클릭하여 생성할 수 있습니다. 레이어의 이름은 업체에서 정한 작업 규약이 있다면 그 내용에 맞게 진행하고, 없다면 구분하기 쉬운 이름으로 지정합니다.

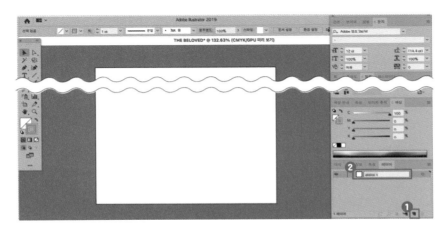

③ **[작업선]** 레이어를 지정한 상태로 **[사각형 도구]**( M )를 선택한 후 아트보드 위에 클릭하면 **[사각형]** 창이 열립니다. 재단선의 크기로 너비 **[90mm]**, 높이 **[90mm]**를 입력하고 **[확인]**을 클릭해 사각형을 생성합니다. 사각형을 선택한 상태에서 **[면 색상 없음]**, 선 색상은 **[K100]**으로 지정해주세요.

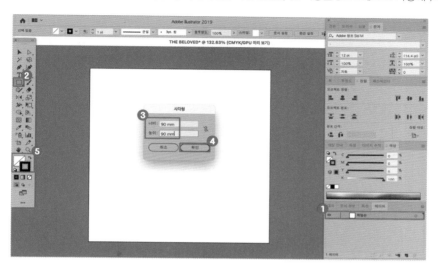

④ **[선택 도구]**( V )로 사각형을 선택한 후 정렬 패널에서 정렬 대상은 **[대지에 정렬]**을 선택하고 **[가로 가운데 정렬]**과 **[세로 가운데 정렬]**을 클릭해 사각형을 화면 정 가운데로 정렬합니다.

④ 레이어 패널에서 [작업선] 아래에 생성된 사각형을 더블클릭하고 레이어 이름을 [재단선]으로 변경합니다.

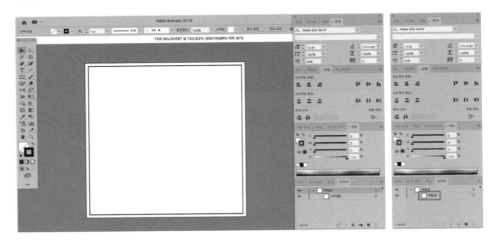

⑤ 같은 순서로 작업선 레이어를 지정하고, 안전선(너비 84mm, 폭 84m)을 만든 후에 가로세로로 정렬하고 색상은 [C100]으로 지정해 주세요.

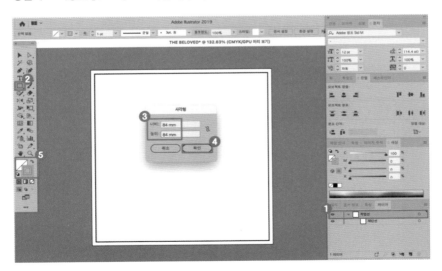

**6** 재단선, 안전선은 작업할 때 구분하기 쉽도록 [C100], [M100], [K100] 등으로 서로 다른 색상을 지정해 주세요. 작업선 아래 생성된 사각형을 더블클릭하여 [안전선]으로 이름을 변경하여 구분합니다.

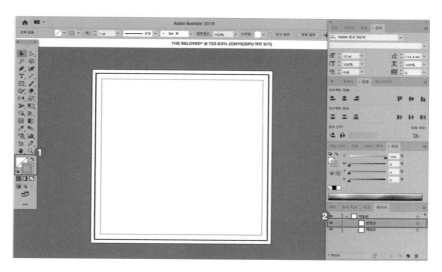

**7** 작업하는 동안 움직이지 않도록 안전선과 재단선을 선택하여 그룹화( cmd + G )한 후 레이어 패널에서 [작업] 레이어의 자물쇠를 클릭해서 잠금 처리합니다. 이렇게 하면 일러스트레이터 화면에서 실수로 안전선과 재단선을 선택하거나 수정하는 일을 방지할 수 있습니다.

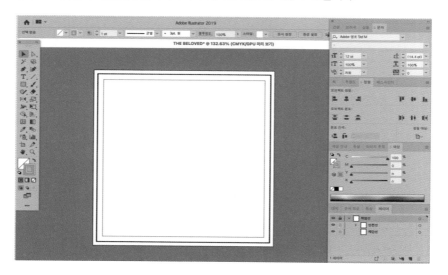

## 업체마다 다른 재단선과 안전선 규약을 확인하세요

업체별로 재단선과 안전선을 모두 삭제한 후에 접수하는 곳, 재단선만 남겨놓는 곳 등이 있습니다. 보통 인쇄소에 접수할 때 제품 사이즈(재단되는 사이즈)를 입력하기 때문에 재단선을 삭제하여 접수하는 곳이 대다수입니다. 재단선만 남겨서 접수하는 곳의 경우 보통 업체가 지정한 선 색상이 있으므로 공지사항을 미리 확인하여 색상을 지정합니다.

만약 업체의 규약에 따르지 않을 경우, 인쇄물에 재단선이나 안전선이 인쇄될 수 있습니다. 공지사항을 충분히 살피지 않은 제작자의 실수이므로, 이런 경우 재작업 요청이 어려우니 주의하길 바랍니다.

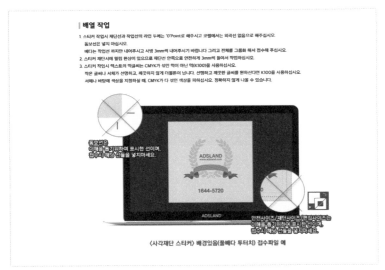

《사각재단 스티커》 배경있음(풀빼다 투터치) 접수파일 예

# 이미지 추적으로 선명한 이미지 만들기

Lesson 04

프로크리에이트에서 그린 그림을 일러스트레이터로 불러와서 인쇄용 이미지로 만들어봅시다. 이번에는 가장 간단한 이미지 추적이라는 기능을 살펴보려고 합니다. 이 기능을 통해 흐릿한 일러스트를 조금 더 선명하게 만들고, CMYK 색상을 지정할 수 있습니다.

## 이미지 추적

이미지 추적 기능은 말 그대로 이미지 형태를 추적하여 벡터 이미지로 바꿔주는 것입니다. 프로크리에이트에서 그린 그림은 비트맵 이미지로 크기나 형태를 변형하면 해상도가 떨어지게 됩니다. 인쇄용에 걸맞는 CMYK 값을 각각 지정하기도 어렵습니다. 프로크리에이트에서 불러온 그림을 선택한 후 이미지 추적 기능을 적용하면 기준점과 패스의 형태로 변환됩니다. 형태를 변형해도 선명한 벡터 이미지로 바뀐 것입니다. 기능 자체는 쉽지만, 완벽하게 추적이 되지 않는 경우가 있기 때문에 [펜 도구] 등을 이용하여 정돈해주는 과정도 살펴보겠습니다.

**1** 프로크리에이트에서 그린 일러스트를 불러옵니다. 이번에는 일러스트레이터를 실행한 상태에서 파일을 열어 보겠습니다. **[파일]** 메뉴-**[열기]**를 선택하고 예제 파일 <image1.psd>를 불러옵니다.

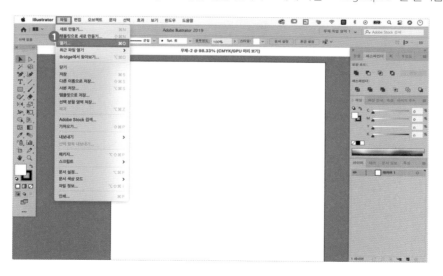

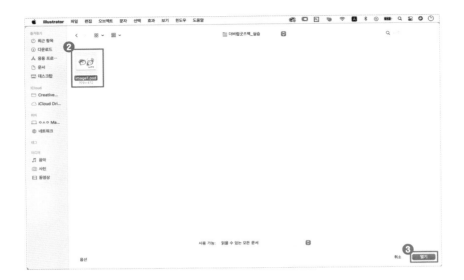

[2] 불러오기 옵션 창이 뜨면 해당 항목을 선택하고, [확인]을 누릅니다.

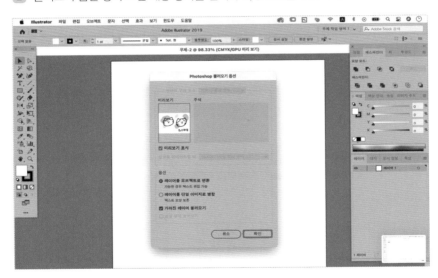

③ [파일] 메뉴-[문서 색상 모드]를 보면 [RGB 색상]으로 설정되어 있습니다. 오른쪽 색상 패널에도 RGB 색상 값이 먼저 뜹니다. 인쇄용 작업을 위하여 [CMYK 색상]으로 변경합니다.

④ 일러스트를 클릭하면 상단 제어 패널에 [이미지 추적]이라는 버튼이 뜹니다. 먼저 [이미지 자르기] 버튼을 이용해 일러스트의 크기에 맞게 네모 상자를 조정합니다. 한 레이어 단위로 이미지 자르기가 가능합니다. 이미지가 잘린 후에는 제어 패널에 나타나는 [적용]을 클릭합니다. 다음 화면처럼 배경 중 일부 이미지로 영역을 정하면, 한 레이어에 있었던 다른 부분들은 삭제됩니다. 이미지 자르기로 이미지 추적 범위를 줄이면 조금 더 정확한 추적 이미지를 얻을 수 있습니다.

**Tip** 이때 제어 패널이 나타나지 않으면 상단 [윈도우] 메뉴에서 [제어]를 체크합니다. 혹은 이미지 추적 패널을 이용해도 됩니다.

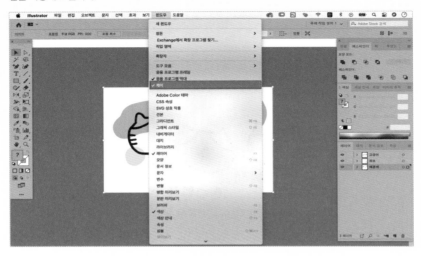

⑤ [이미지 추적] 버튼 옆 화살표를 클릭하여 [충실도가 높은 사진]을 클릭해 이미지 추적을 진행합니다. 이미지의 크기나 형태에 따라 시간이 오래 걸릴 수도 있습니다.

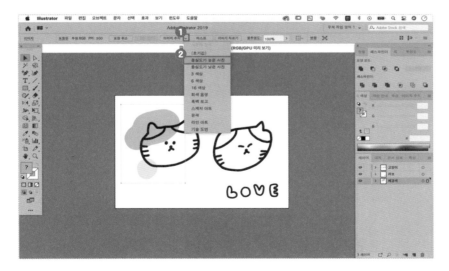

**6** 이미지 추적이 완료되면 **[확장]** 버튼이 나타납니다. **[확장]** 버튼을 클릭해 이미지 추적이 완료되면 기준점과 패스로 만들어진 이미지가 선명하고 깔끔하게 바뀝니다.

> **Tip** 대부분 충실도가 높은 사진을 통해 진행하면 정확도가 높은 추적본을 얻을 수 있습니다. 다만, 그림이나 색상에 따라 다른 옵션을 사용해도 무방합니다. 그림에 따라 여러 옵션을 적용해보고, 정확도가 높은 옵션을 이용해보세요.

**7** 기준점과 패스의 형태로 바뀐 이미지를 클릭하고, [직접 선택 도구](A)를 이용하여 형태, 색상, 위치를 변경할 수 있습니다. 그룹화 해제를 한 후에 [선택 도구](V)와 [직접 선택 도구]를 함께 사용해도 됩니다. 기준점이 많은 경우 [고정점 삭제 도구]를 이용하여 정리합니다.

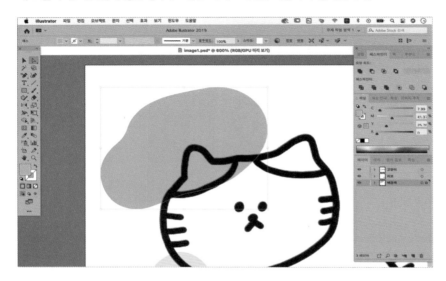

**8** 색상별로 나누어져 있는 오브젝트들을 클릭하고 색상 패널에서 CMYK 값을 각각 지정해줍니다.

**Tip** 인쇄를 위한 CMYK 값은 각각의 합이 240%를 넘지 않고, C, M, Y, K 각 항목을 더해서 최대 3개 값을 지정합니다. 기존 색상 톤을 유지하고 싶다면, 나타나는 CMYK 값에서 조금씩 조정하여 근사치로 설정합니다. 색상 패널을 이용하여 조금 더 직관적으로 볼 수 있습니다. 만약 RGB 모드로 설정이 되어 있다면, 오른쪽 상단 옵션 버튼을 클릭하여 CMYK 모드로 변경합니다.

## 검은색으로만 이루어진 일러스트를 이미지 추적하는 방법

검은색은 [K100]으로 설정하는 것이 가장 깔끔합니다. [충실도가 높은 사진]을 통해서 진행할 수도 있지만, 이 경우에 [K100]이 아닌 CMYK가 전부 섞인 검은색이 나올 가능성이 높습니다. 두 가지 방법을 모두 진행해 보겠습니다. 우선 첫 과정은 동일합니다.

**1** 대상 레이어를 선택하고, [이미지 자르기]로 불필요한 부분은 제외하고 추적하려는 이미지의 크기에 맞게 자릅니다.

**2** [충실도가 높은 사진]으로 이미지 추적을 진행합니다. 자른 이미지 추적을 진행했으면, 잘린 모양 대로 흰색의 배경도 추적되고, 검은 선 안쪽의 흰색이 칠해지지 않는 부분도 흰색의 도형으로 점과 패스가 만들어졌습니다. 또한, 검은색의 CMYK 값이 전부 높은 수치로 이루어져 있습니다. 여기서도 방법이 없는 것은 아닙니다. 이 경우에는 [**직접 선택 도구**]( A )를 이용해 필요 없는 부분을 선택하여 Delete 로 삭제하면 됩니다. 한꺼번에 지우고 싶으면 shift 를 누르고 선택하면 됩니다.

**3** 다만 검은색 선 안쪽에 만들어진 흰 면은 직접 선택을 하여 삭제하면 다음과 같이 나타나는 경우가 있습니다. 이런 경우 수습하기 조금 번거로워집니다.

**4** 이런 번거로움을 없애기 위하여 패스파인더 기능을 이용할 수 있습니다. **[이미지 추적]**까지 진행한 후, 그룹화되어 추적된 이미지를 **[선택 도구]**( V )로 선택합니다. 그 후 패스파인더 패널에서 **[나누기]** 옵션을 클릭합니다. 이는 이미지의 면을 각각 나누어주는 역할을 합니다.

**5** 흰색 배경으로 잡힌 부분을 **[직접 선택 도구]**( A )로 지우고, shift 를 누르면서 고양이 얼굴에 흰 면을 함께 선택했습니다. 그리고 Delete 를 눌러 지우세요.

**6** 이렇게 검은색 면만 남고, 안쪽은 색이 채워지지 않아 아래 위치한 이미지가 보이게 됩니다.

**7** 이제 이미지 색상을 CMYK 모드에 맞게 변경하는 작업을 합니다. 검은색 부분을 선택하고 색상 패널을 보면 색상 값이 [K100]이 아니라 [C63.25, M55.05, Y52.7, K62.82]로 나와 있습니다. 인 쇄용에 적합하지 않은 값이죠. 색상이 나타나지 않는 경우 [스포이드 도구]( )를 이용하여 검은색 부 분을 클릭합니다.

⑧ 해당 그림을 선택한 후 색상 패널에서 C, M, Y 값을 0%으로 지정하고 K만 100%로 직접 입력하거나 아래쪽에 작게 위치한 세 개의 상자 중 가운데 검은색 상자를 클릭하면 [K100]로 변경됩니다. 개체가 많은 경우, 빠트릴 수 있는 경우가 있으므로, 검은색이 들어가는 경우에는 마지막에 [스포이드 도구](I)를 이용하여 CMYK 색상을 한 번 더 확인해보세요. 처음에 지정했던 것처럼 CMYK 값이 전부 높게 만들어진 검은색은 깔끔하게 인쇄되지 않을 가능성이 큽니다.

⑨ 이미지 추적 시 [충실도가 높은 사진]으로 변경하는 경우, 조금 번거롭기 때문에 검은색으로만 이루어진 레이어의 경우에는 [스케치 아트]를 이용하면 조금 더 효율적입니다. 해당 이미지를 선택한 후 [이미지 자르기]까지 진행한 후에 [스케치 아트]를 옵션으로 선택하여 이미지 추적을 진행합니다.

⑩ 이렇게 검은색 선만 점과 패스로 바뀝니다. 오른쪽 색상 패널을 확인해 보면, 색상이 [K100]으로 되어 있는 것을 볼 수 있습니다. [스케치 아트]는 흑백으로 이미지를 단순화하는 것이기 때문에, 색상이 있는 경우라도 무조건 [K100]으로 변환됩니다. 그렇기 때문에 색상 패널에서 K 항목밖에 표시되지 않습니다.

⑪ 오른쪽 세 개의 가로 선을 클릭하여 CMYK 모드로 변경해 보면 다른 값도 확인해볼 수 있습니다. CMYK로 변경하면, 검은 선 색상을 다른 색으로 한 번에 변경할 수도 있습니다.

**12** 그렇기 때문에 검은색 외에도 단색으로 이루어진 선과 같은 이미지는 [스케치 아트]를 통해 한 번에 변경한 후 색상을 변경할 수도 있겠죠?

## Lesson 05 — 펜 도구를 사용하여 일러스트 그리기

벡터 이미지를 만들 수 있는 또 다른 방법은 일러스트레이터의 [펜 도구]를 활용하는 것입니다. [펜 도구]는 말 그대로 펜처럼 일러스트를 만들 수 있는 도구입니다. 일러스트레이터에서 가장 유용하게 사용되는 기능 중 하나입니다. 기준점을 찍어 연결하여 패스를 만들고, 여러 모양의 도형을 만들 수 있습니다.

일러스트레이터에서 바로 만들 수 있기 때문에, 실제 종이에 스케치한 그림을 스캔해서 불러와서 그 위에 따라 그릴 수도 있고, 프로크리에이트에서 불러온 그림도 이미지 추적 없이 바로 [펜 도구]로 패스를 만들어 깔끔한 형태로 만들 수 있습니다. 어렵지는 않지만, 원하는 모양을 내기 위하여 많은 연습이 필요합니다. 직선, 곡선을 배우고, 도형을 만들어 보면서 [펜 도구] 및 관련 도구 사용법을 알아보겠습니다.

### 펜 도구로 직선 그리기

**1** 도구 상자에서 [펜 도구]를 선택합니다.

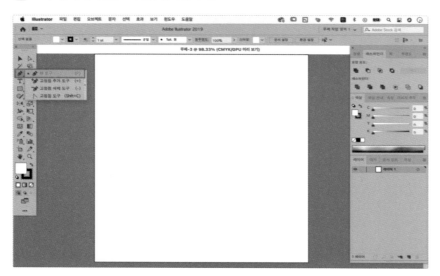

2 색상은 칠 색상은 **[없음]**으로, 선 색상은 원하는 색상으로 선택합니다. 선의 두께나 모양은 제어 패널에서 선택할 수 있습니다.

3 원하는 위치에 시작점을 클릭하여 기준점을 찍습니다.

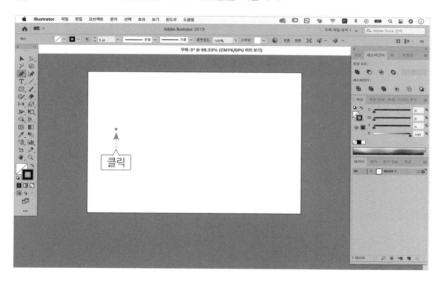

**4** 조금 떨어진 위치에 [펜 도구]를 한 번 더 클릭하면 직선이 만들어집니다.

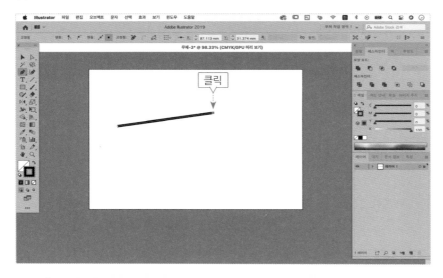

**Tip** 수평선, 수직선, 45°의 반듯한 선을 그리고 싶으면 shift 를 누른 상태에서 클릭합니다.

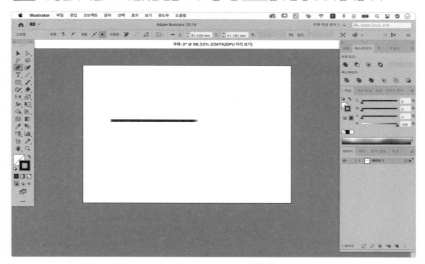

## 펜 도구로 곡선 그리기

**1** [펜 도구]를 선택합니다. 색상은 칠 색상은 [없음], 선 색상은 원하는 색상으로 선택합니다. 선의 두께나 모양은 제어 패널에서 선택할 수 있습니다. 원하는 위치에 시작점을 클릭하여 기준점을 찍습니다.

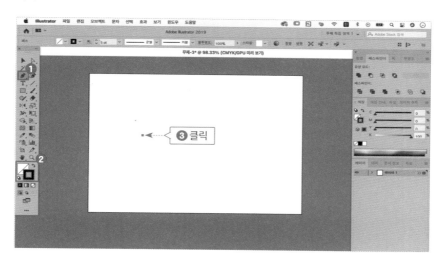

**2** 시작 위치와 떨어진 위치에 기준점을 클릭한 상태로 아래로 드래그합니다. 그럼 위로 C자 곡선이 생기게 됩니다. 안내선을 보며 곡선 모양을 원하는 대로 조정하고, 마우스에서 손을 떼면 해당 모양대로 곡선 패스가 그려집니다.

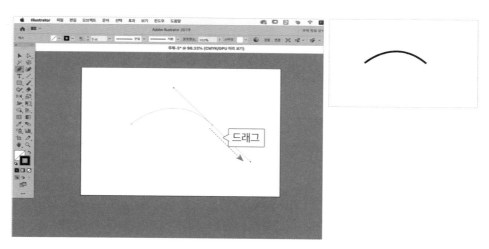

3 기준점을 클릭한 상태에서, 반대로 위로 끌어당기면 아래로 튀어나온 C자 곡선이 생깁니다. 위치를 조정하면 곡선의 모양을 변경할 수 있습니다.

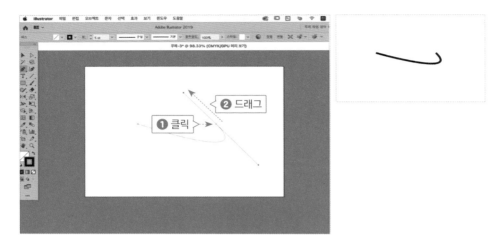

4 두 번째 점까지 그린 후 바로 다른 위치에 세 번째 기준점을 클릭하면 계속해서 곡선이 그려져 S자 곡선을 그릴 수 있습니다.

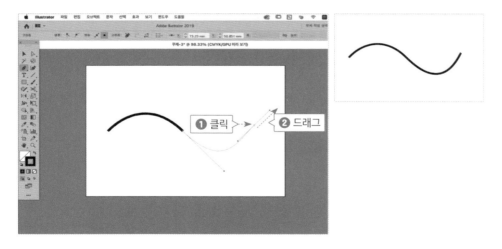

## 곡선과 직선을 함께 그리기

**1** [펜 도구]를 이용해 기준점을 두 개 찍어서 곡선을 그립니다.

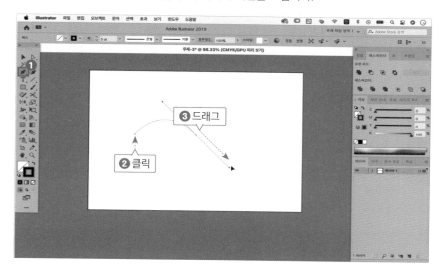

**2** 직선을 이을 부분의 기준점에 마우스를 가져다 대면 펜 모양의 포인터 밑에 각진 선분이 표시됩니다. 그 상태로 기준점을 클릭합니다.

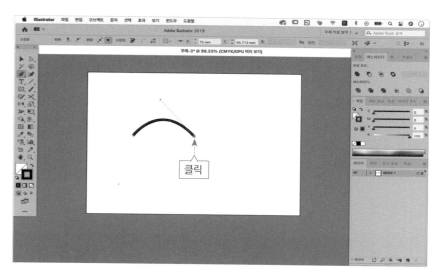

**3** 위치를 옮겨 다른 공간에 클릭하면 직선이 그려집니다.

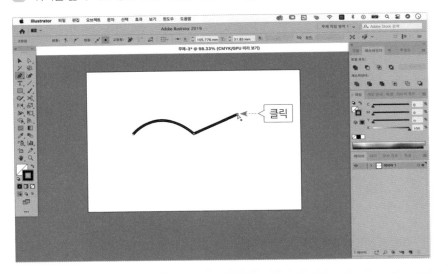

### Tip 펜 도구로 그리기를 종료하는 법

① 그리기를 끝낸 후 `Enter` 를 누릅니다.

② [펜 도구] 외 다른 도구를 선택합니다. 단축키를 활용하면 편리합니다.

③ `cmd` 를 누르며 다른 빈 공간에 클릭합니다.

④ [선택] 메뉴-[선택 취소]( `cmd` + `shift` + `A` )를 선택합니다.

# 직선을 이용하여 닫힌 사각형 만들기

**1** [펜 도구]를 이용하여 직선을 하나 그립니다.

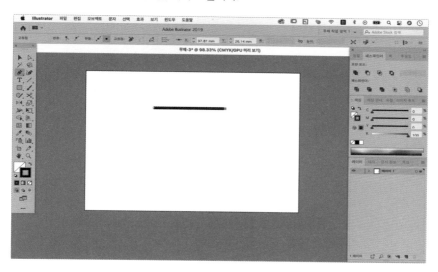

**2** 아래로 위치를 옮기고 클릭하여 기준점을 만들어 패스를 생성합니다.

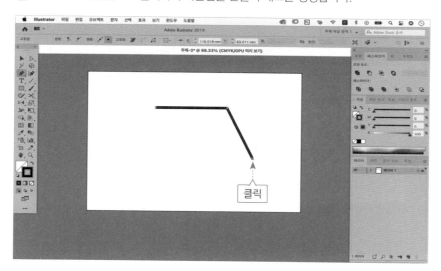

클릭

**3** 옆으로 위치를 옮기고, 기준점을 하나 더 찍어 세 번째 패스를 생성합니다.

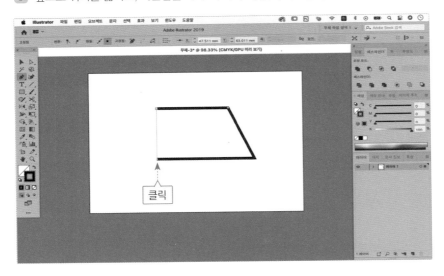

**4** 처음 기준점을 다시 클릭합니다. 마지막 기준점과 처음 기준점을 연결되며, 닫힌 사각형이 만들어집니다.

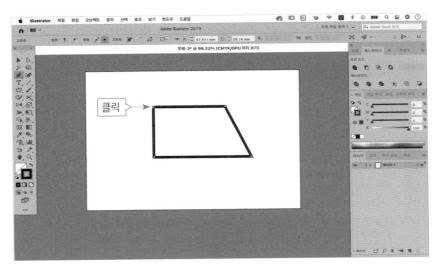

5 닫힌 패스 도형의 안쪽으로 면 색상을 채워줄 수도 있습니다.

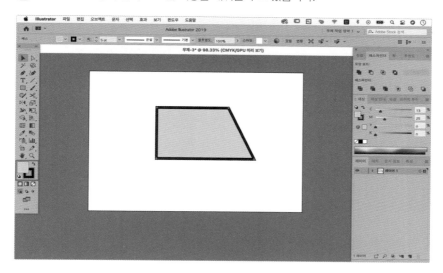

## 곡선을 이용하여 닫힌 원 만들기

1 [펜 도구]를 이용하여 기준점을 찍은 상태로 드래그합니다.

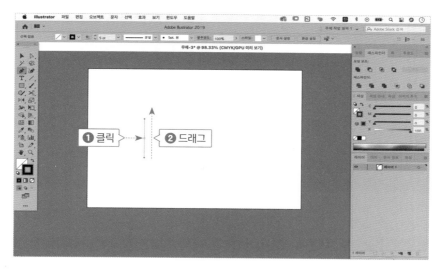

**2** 다른 위치로 옮겨서 클릭한 상태로 드래그하여 곡선을 그리고, 원하는 형태가 나오면 드래그를 멈춰 곡선 패스를 생성합니다.

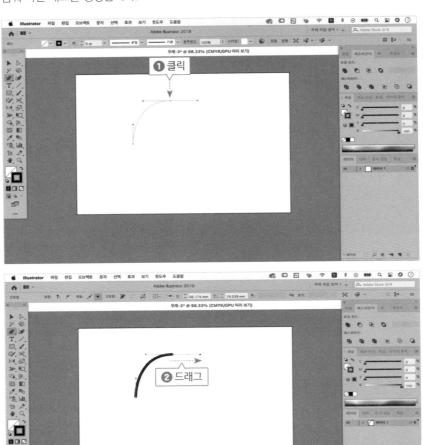

**3** 원하는 모양대로 반복하여 원의 모양을 만들고, 마지막 점과 시작 점을 클릭한 상태로 드래그하여 닫힌 원을 만듭니다.

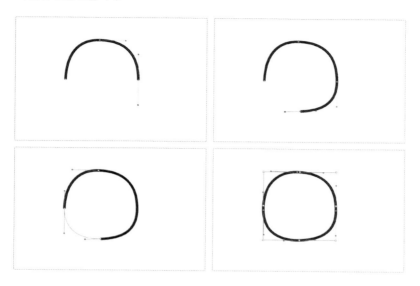

## 기준점 추가하기

**1** 도구 상자에서 [고정점 추가 도구](+)를 선택합니다.

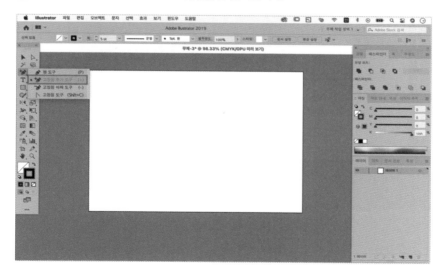

**2** 미리 그려진 선분 위에 포인터를 가져가서 클릭하여 기준점을 추가합니다.

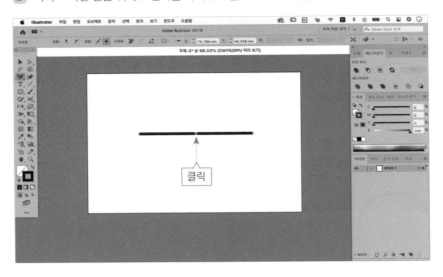

**3** [직접 선택 도구]( A )를 이용하여 기준점들을 움직일 수 있습니다. 추가한 기준점을 [직접 선택 도구]( A )로 클릭하여 원하는 위치로 드래그합니다.

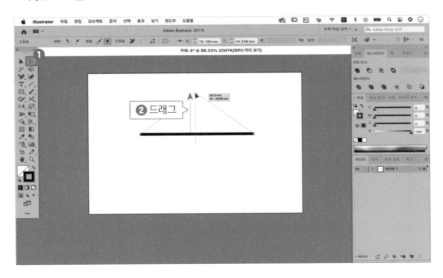

**4** 원하는 위치에서 마우스를 떼서 드래그를 종료하면 선의 모양이 다음과 같이 변경됩니다.

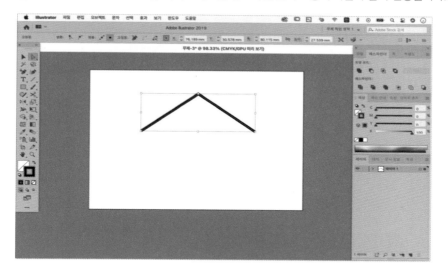

## 기준점 삭제하기

**1** 도구 상자에서 [고정점 삭제 도구]( − )를 선택합니다.

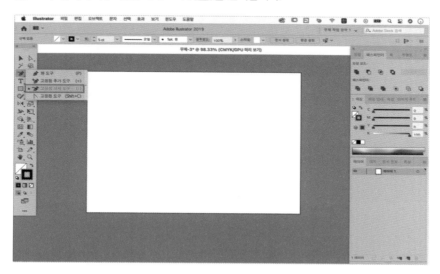

**2** 이미 패스를 이루고 있는 기준점 중 하나를 클릭하면 제거되어 모양이 바뀝니다. 아래 3개의 기준점으로 이루어진 도형의 가운데 **[고정점 삭제 도구]**로 클릭하여 삭제합니다.

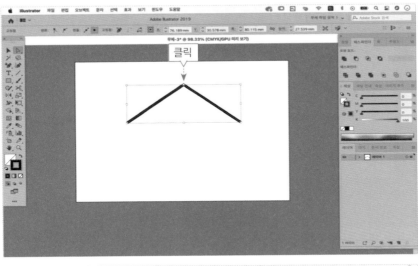

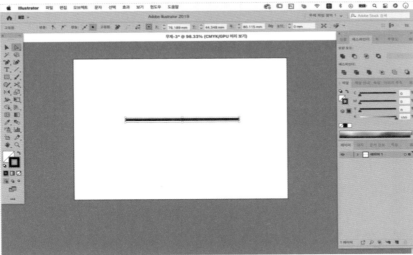

## 고정점을 추가하여 모양 변경하기

**1** [펜 도구]( P )로 네 점을 찍거나 [사각형 도구]( M )를 드래그하여 사각형을 만듭니다.

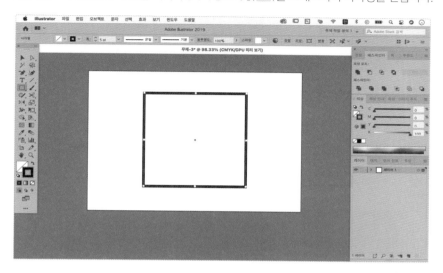

**2** [고정점 추가 도구]를 이용하여 선분 위에 클릭하여 기준점을 추가합니다.

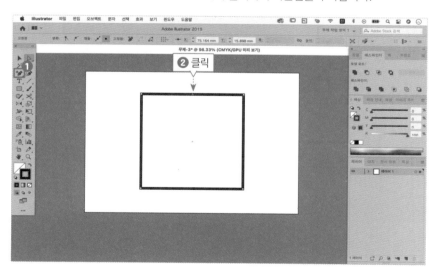

**3** [직접 선택 도구]( A )를 선택하고, 해당 기준점을 드래그하여 위치를 이동시킬 수 있습니다. 아래로 끌어당겨서 모양을 변경해보겠습니다. 반듯하게 내리고 싶다면 shift 를 함께 누르며 드래그합니다.

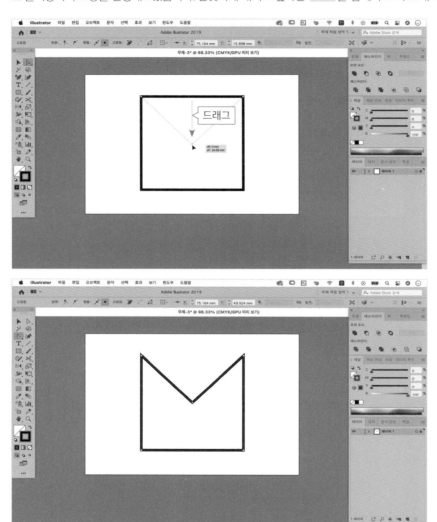

**4** 해당 기준점을 [고정점 도구](shift + C)를 사용하여 둥근 곡선으로 변경해보겠습니다. 고정점 도구로 가운데 기준점을 클릭한 상태로 옆으로 드래그하면 직선이 곡선으로 변경됩니다.

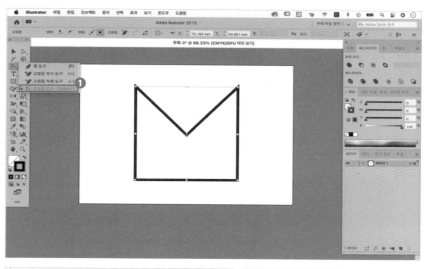

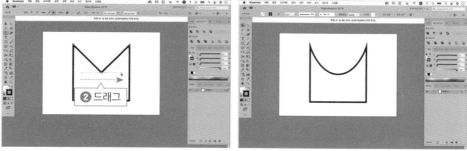

**5** 다시 한번 [고정점 도구]를 이용하여 곡선 가운데 기준점을 클릭하면 직선으로 변경됩니다.

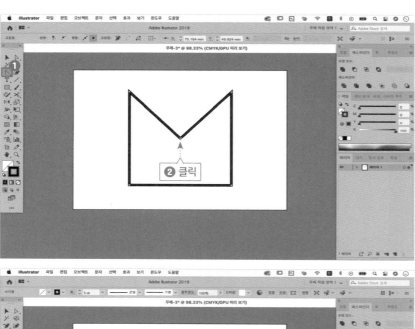

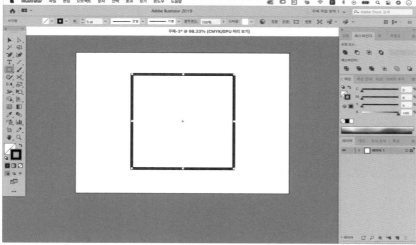

## Lesson 06 — 파일 저장 시 주의할 점

정성스럽게 만든 파일을 안전하게 잘 저장하는 것이 일러스트레이터 작업의 마지막 단계입니다. 업체마다 요구하는 저장 방식이 다르기 때문에 꼭 해당 업체의 공지사항을 미리 살펴보는 것이 중요합니다. 대부분 일러스트레이터로 작업한 경우에는 PDF 파일 혹은 AI 파일로 저장하는 것을 권장합니다. AI 파일은 일러스트레이터 파일이라 바로 저장하면 됩니다. 가장 많이 사용하는 PDF 저장 방법은 업체별로 조금씩 다르니 함께 살펴보겠습니다.

### PDF 저장 방법

1 [파일] 메뉴-[다른 이름으로 저장]( shift + cmd + S )을 선택합니다.

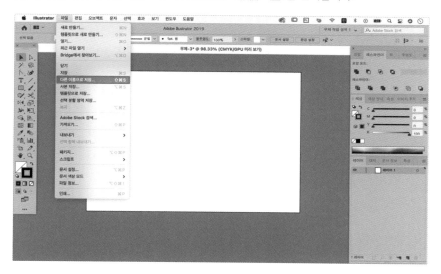

**2** 팝업 창이 뜨면 파일명을 입력한 후 포맷을 [Adobe PDF (pdf)]로 설정하고 [저장]을 클릭합니다.

**3** 옵션 창이 뜨면 Adobe PDF 사전 설정을 [출판 품질]로 변경합니다. 업체에 따라서 호환성 버전이 다른 곳이 있고, 옵션으로 선택할 항목을 지정하는 곳이 있으므로 업체의 공지사항을 꼭 미리 체크해주시기 바랍니다. 그런 다음 [PDF 저장]을 클릭해 저장합니다.

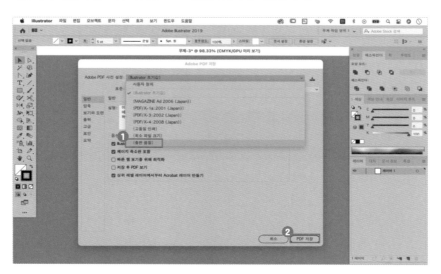

## 마지막 체크하기

마지막 접수 전에 실수한 부분은 없는지, 인쇄용 파일에 알맞게 만들었는지 체크해 보도록 합니다. 체크해야 할 부분이 많은 것 같지만 결국은 재단을 위한 작업선과 크기 설정, 깔끔한 인쇄를 위한 색상 설정법 등에 관한 것입니다. 처음 파일을 만들 때부터 설정을 잘 했다면, 특별한 수정 사항은 없을 것입니다. 까다로워 보이지만 계속 작업을 하다 보면 빠른 시간 내에 확인할 수 있습니다. 나의 실수로 인한 인쇄 불량이 없도록 하나씩 꼼꼼하게 체크해 보도록 합시다.

- ☑ 제작 업체의 공지사항을 확인했나요?

- ☑ 제작할 물품의 작업 사이즈를 확인했나요?

- ☑ 업체가 요구하는 여유분을 두고 재단선과 안전선을 만들었나요?

- ☑ 최종 파일 저장 시, 안전선을 삭제하여 저장했나요? (재단선도 요구하지 않는 경우가 있습니다.)

- ☑ RGB가 아닌 CMYK로 설정했나요?

- ☑ CMYK 색상 값을 조절했나요? (최대 세 가지 색상 사용, 각 색상의 합이 240%를 넘지 않습니다.)

- ☑ 검은색은 [K100]으로 지정하고, 흰색은 CMYK 값을 모두 0으로 설정했나요?

- ☑ 해상도를 72dpi가 아닌 300dpi로 설정했나요?

- ☑ 칼선이 있는 경우, 인쇄 레이어를 구분했나요?

- ☑ 업체가 요구하는 저장 방법을 따랐나요?

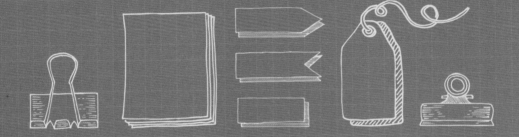

# 굿즈 제작하기

이제 본격적으로 일러스트레이터를 통하여 굿즈를 제작해볼게요. 전체적인 진행
순서나 방법은 거의 비슷하지만, 각 굿즈별로 조금씩 작업 방법이 다르고, 주의해야
할 사항이 있답니다. 여기에 있는 내용을 잘 배워두면 어떤 굿즈 제작도 크게 어렵지
않아요. 저와 함께 여러 가지 제작 사이트를 통하여 다양한 물품을 제작해보면서
굿즈 제작을 완벽하게 마스터해보아요!

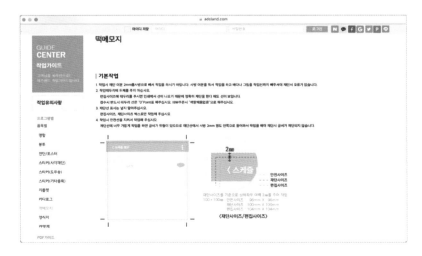

## Lesson 01 메모지

앞에서 배운 내용을 통해 메모지를 만드는 방법과 발주하는 방법을 배워 볼게요. 메모지는 가장 쉽게 만들 수 있는 굿즈입니다. 메모지를 제작할 때는 제본하는 위치에 따라 상철과 좌철 방식이 있는데 이처럼 접수할 때 설정할 세부 사항도 살펴보도록 하겠습니다. 이번 장에서는 가로 90mm, 세로 90mm의 떡메모지를 만들어보겠습니다.

### 떡메모지 제작하기

떡메모지는 한 장씩 뜯어쓸 수 있는 메모지로, 포스트잇과 달리 접착력이 없습니다. 용지는 주로 백색 모조지를 사용하며, 메모지 1권당 종이 매수, 제본 방향 등을 설정할 수 있습니다. 제본 방향은 상단을 접착제로 붙여서 위에서 뜯을 수 있는 방식인 상철, 왼쪽을 붙여서 옆에서 뜯을 수 있는 좌철이 있습니다. 예를 들어 100매철, 상철 제본으로 진행할 경우, 낱장 100장의 메모지의 윗부분을 접착제로 붙여서 위에서 뜯을 수 있는 1권의 메모지로 제작된다는 뜻입니다.

**1** 메모지를 주문할 업체의 공지사항을 확인합니다. 전체 사이즈, 작업선, 접수 파일 포맷, 작업 규약 등을 확인합니다. 업체별로 조금씩 작업에 대한 요구 사항이 다르기 때문에 업체의 공지사항을 꼭 꼼꼼하게 읽어야 합니다.

2 [애즈랜드] 사이트(www.adsland.com)를 통하여 여러 가지 규격부터 알아보도록 합니다. [굿즈] 메뉴-[떡메모지]를 선택해서 떡메모지 주문 제작 페이지를 들어가면 제작 가능한 규격의 목록이 있습니다. 사이즈를 선택하면 하단에 재단 사이즈와 편집 사이즈가 자동으로 제시됩니다. 여기서는 [90×90mm] 크기를 선택했습니다. 그러면 재단 사이즈는 90×90mm, 편집 사이즈는 94×94mm 로 나타납니다. 비규격 제작이 가능한 사이트의 경우에도 재단 사이즈를 입력하면, 전체 작업 사이즈 가 자동으로 설정됩니다.

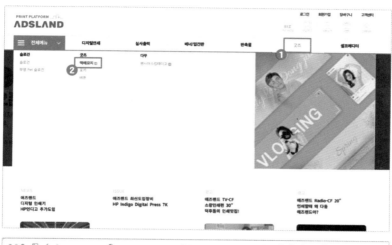

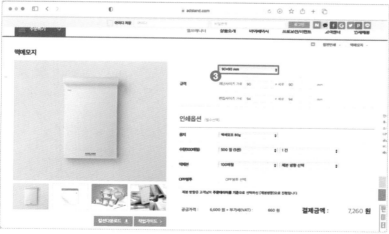

③ 일러스트레이터에서 새 작업 창을 생성합니다. 폭과 높이는 편집 사이즈인 94×94mm로 설정하고, 색상 모드는 [CMYK 색상], 해상도를 지정하는 래스터 효과는 [고(300ppi)]를 선택하고 [제작]을 클릭합니다.

④ 레이어 패널에서 [레이어 1]로 설정된 기본 레이어를 더블클릭하여 [작업선]으로 이름을 변경합니다. 이제 재단선을 생성하기 위하여 미리 면 색상은 [없음], 선 색상은 [K100]으로 지정해주세요. [사각형 도구]( M )를 선택한 후 아트보드 위에 클릭하면 [사각형] 창이 열립니다. 폭과 높이를 90×90mm로 설정하여 재단선이 될 사각형을 생성합니다.

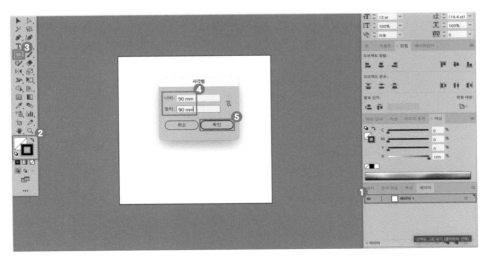

5 [선택 도구](V)로 생성한 사각형을 선택한 후, 정렬 패널에서 정렬 대상은 [대지에 정렬]을 선택하고 [가로 가운데 정렬]과 [세로 가운데 정렬]을 각각 클릭하여 사각형을 화면 한가운데로 정렬합니다. 작업선 아래로 생성된 사각형 레이어의 이름은 [재단선]으로 변경합니다.

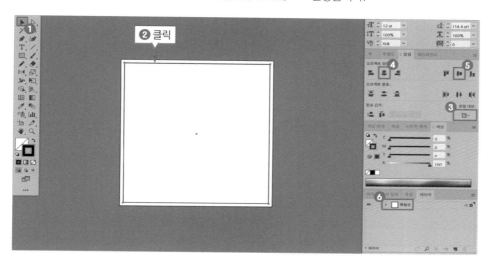

6 안전 영역은 재단선에서 사방 2mm 안쪽으로 지정합니다. [사각형 도구](M)로 폭과 넓이가 86×86mm인 사각형을 만든 후, 재단선과 같이 [가로 가운데 정렬], [세로 가운데 정렬]을 하고 사각형 레이어의 이름을 [안전선]으로 변경합니다. 색상은 [C100]으로 지정하여 재단선과 구분해줍니다.

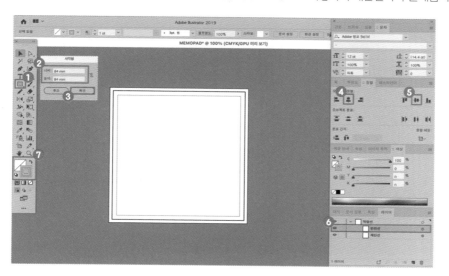

**7** 레이어 패널 하단에 [새 레이어 만들기] 아이콘을 클릭하여 새 레이어를 생성하고, 이름을 [인쇄]로 변경해주세요.

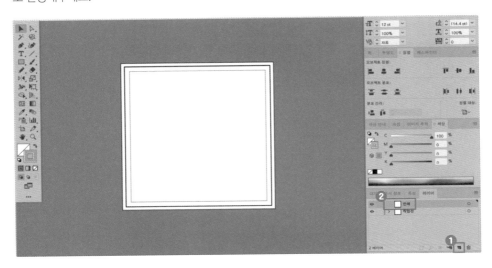

**8** [작업선] 레이어 그룹을 선택하고 드래그하여 가장 상단에 위치시키고, 레이어 왼쪽 빈 상자를 클릭해 움직이지 않도록 잠금 처리합니다. [인쇄] 레이어를 클릭하고 인쇄 이미지를 넣는 작업을 진행할 준비를 합니다. 작업선을 인쇄 이미지 위에서 볼 수 있으므로, 잘리지 않아야 할 영역이 안전선 안쪽에 위치하는지 확인할 수 있습니다.

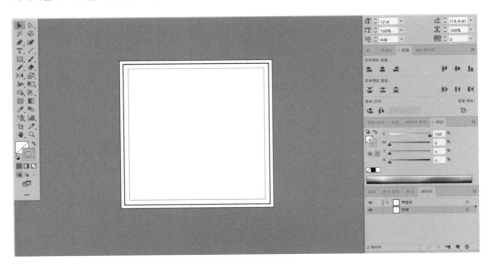

**9** 메모지의 배경색을 설정하기 위해 **[사각형 도구]**( M )를 선택하여 전체 작업 사이즈인 94×94mm로 사각형을 만들어 줍니다. 배경이 흰색일 경우에는 이 과정을 생략해도 좋습니다. 배경색은 면 색상만 설정하고, 선 색상은 **[없음]**으로 지정합니다.

**[파일]** 메뉴-**[가져오기]**( shift + cmd + P )를 선택해서 배경 위에 메모지로 만들 이미지인 예제 파일 <memo.pdf>를 불러옵니다. 불러온 이미지는 안전선 안쪽으로 위치시킵니다. 이때 이미지는 벡터화 작업이 끝난 상태여야 합니다.

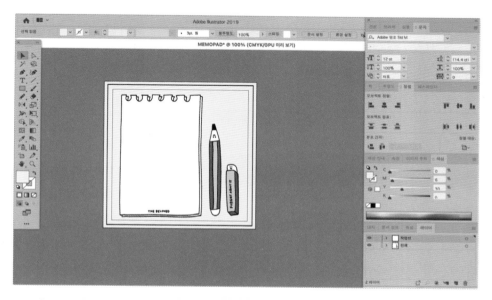

**Tip** 재단의 오차 범위를 고려하여 사방으로 여유분을 두고 아트보드를 생성한 것이므로, 최종 재단 사이즈가 아닌 전체 작업 사이즈에 맞게 배경을 채워야 함에 꼭 유의합니다. 재단은 인쇄소 작업에 따라 내가 설정한 재단선 위치에 딱 맞게 재단될 수도 있고, 오차가 생겨 안전선 쪽으로 더 붙어서 재단될 수도 있습니다. 그렇기에 웬만하면 안전선에 딱 맞추기보다 조금 더 안쪽으로 여유 있게 배치하기를 권장합니다.

**10** 인쇄물의 위치를 잘 배치했다면, 작업선 파일의 잠금을 해제하고 하단에 휴지통 아이콘을 눌러 삭제하도록 합니다. 인쇄를 원하는 이미지만 남아 있는지 확인하고, 혹시 잠금 처리된 레이어가 있다면 해제합니다.

**11** 업체의 공지사항을 확인하여 업체가 요구하는 형식으로 파일을 저장할 차례입니다. 애즈랜드의 경우 [파일]-[다른 이름으로 저장]-[포맷]-[PDF]로 지정하여 저장합니다.

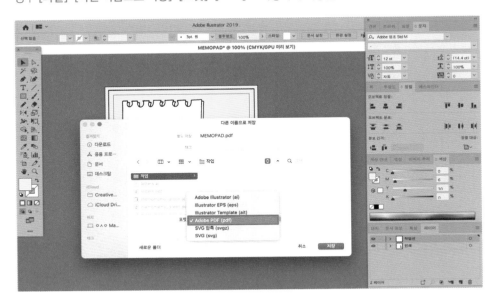

**12** PDF로 설정 시 세부 설정을 저장하는 새 창이 열립니다. 사전 설정 및 옵션을 업체의 저장 규약에 맞게 설정합니다. [애즈랜드]의 경우 PDF 저장 설정 창에서 Adobe PDF 사전 설정을 [출판 품질]로 변경하고, 일러스트레이터 CC 이상을 사용하는 경우 호환성을 [Acrobat 5 (PDF 1.4)] 이상버전으로 설정한 후 저장합니다.

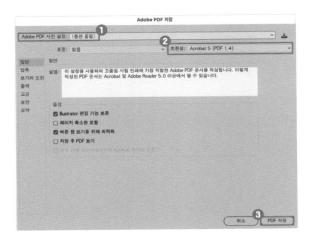

**13** 업체에서 떡메모지의 품목 페이지를 접속하여 제작할 메모지의 총 수량 및 1권당 종이 매수, 제본 방향 등을 지정합니다. 그럼 하단에 금액이 자동으로 표시됩니다.

**14** 제작한 인쇄 파일을 첨부 파일에 업로드하고, 인쇄물 제목과 요구 사항 등을 적은 뒤 결제 및 주문을 진행합니다. 접수하기 전에 꼭 잘못된 부분이 없는지를 한 번 더 체크하기 바랍니다.

엽서 제작은 메모지 만드는 법과 크게 다르지 않습니다. 이번 장에서는 시중에서 많이 볼 수 있는 사이 즈인 가로세로 150×100mm의 양면 엽서를 제작해보겠습니다. 4장에서 배웠던 일러스트레이터 도구 들을 직접 사용하여 양면 인쇄용 파일 제작 방법을 알아보고, 입체 문자를 만드는 방법도 알아볼게요.

## 엽서 앞면 제작하기

**1** [레드프린팅](www.redprinting.co.kr/ko)의 [스테이셔너리] 메뉴−[일반 카드] 제작 페이지에 들어갑니다.

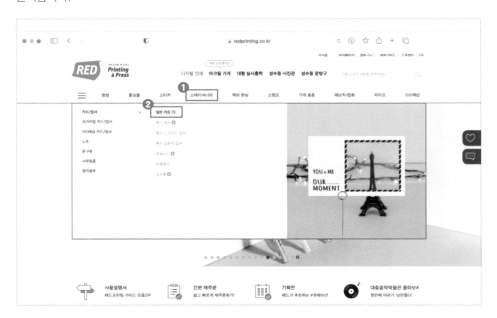

**2** 규격에서 [150×100mm]를 선택한 후 작업 사이즈를 확인합니다. 작업 사이즈는 사방으로 2mm씩 여유분을 더한 154×104mm입니다.

**3** 일러스트레이터에서 [새로 만들기]를 클릭하고 작업 사이즈 154×104mm의 아트보드를 만들어 줍니다. 색상 모드는 [CMYK 색상], 래스터 효과는 [고(300ppi)]로 설정합니다. 양면 엽서를 하나의 작업 창에서 두 개의 아트보드를 놓고 함께 작업할 것이므로 아트보드의 숫자를 [2]로 입력합니다.

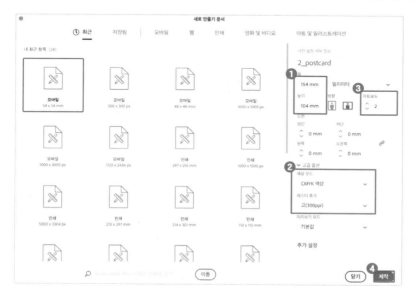

**4** 같은 사이즈의 아트보드가 2개 생성된 것을 볼 수 있습니다. 오른쪽 대지 패널에서 왼쪽 아래 ![icon] 아이콘을 클릭합니다.

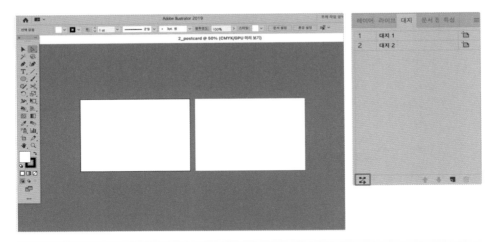

Tip 오른쪽 패널에 대지 패널이 없는 경우 [윈도우] 메뉴–[대지]를 선택하세요.

**5** [모든 대지 재정돈]이라는 팝업 창이 뜨면, 다음과 같이 간격을 20mm 이상으로 설정합니다. 이전과 비교하면 아트보드의 간격이 20mm로 벌어집니다.

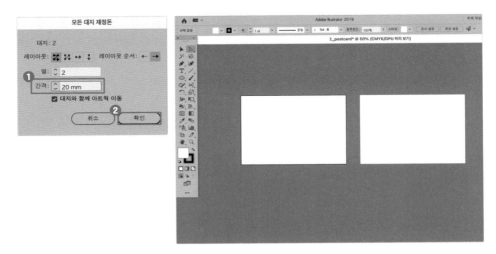

**6** 두 아트보드에 각각 재단선과 안전선을 만들어줍니다. 왼쪽 도구 상자의 [사각형 도구]( M )를 선택하고, 해당 아트보드 위를 클릭하면 사이즈 입력 창이 뜹니다. 100×150mm의 재단선을 만들고, 정렬 패널에서 [가로 가운데 정렬], [세로 가운데 정렬]을 선택하여 아트보드에 한가운데로 사각형을 옮깁니다. 이때 정렬 대상은 [대지에 정렬]이어야 합니다. 면 색상은 [없음], 선 색상은 [M100]으로 설정합니다.

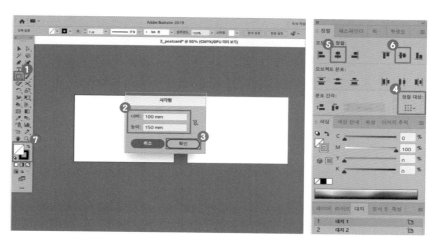

**7** 같은 방법으로 안전선을 만듭니다. 만들기 전 색상을 재단선과 구분할 수 있도록 [C100]으로 설정합니다. 안전선은 사방으로 3mm씩 줄어든 144×94mm로 사각형을 그리세요. 재단선과 같이 정렬 패널에서 정렬 대상은 [대지에 정렬]을 기준으로 한 상태로, [가로 가운데 정렬], [세로 가운데 정렬]을 한 번씩 선택하여 안전선을 중간으로 옮깁니다.

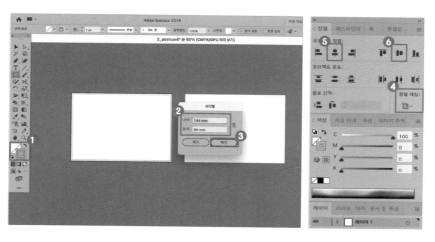

**8** 왼쪽 아트보드에 만든 재단선과 안전선을 함께 드래그하여 함께 선택합니다. 다른 개체가 없는 경우 `cmd` + `A` 를 눌러 두 개의 선을 모두 선택할 수도 있습니다. 선택된 두 선을 복사( `cmd` + `C` )한 후 오른쪽 아트보드를 클릭하여 제자리에 붙여넣기( `cmd` + `shift` + `V` )를 하면, 왼쪽과 같은 사이즈와 위치에 재단선과 안전선이 생성됩니다.

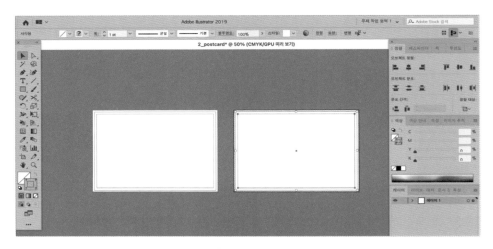

Tip. 모든 선이 각 아트보드에 잘 위치해 있는지 확인하려면 각 아트보드의 선을 하나씩 선택하고 대지 패널을 확인합니다. 선택한 패스가 속한 아트보드가 대지 패널의 목록에서 선택되는 것을 확인할 수 있습니다.

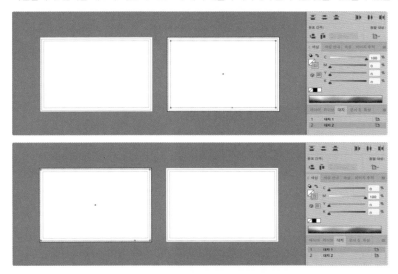

**9** 안전선과 재단선이 속한 레이어를 더블클릭하여 [재단]으로 이름을 변경한 후, 레이어 이름 옆에 빈 칸을 클릭하면 잠금 처리가 됩니다. 한 번 더 클릭하면 잠금 해제가 되고, 잠금 해제 전까지 해당 레이어에 속한 요소들은 움직이지 않습니다.

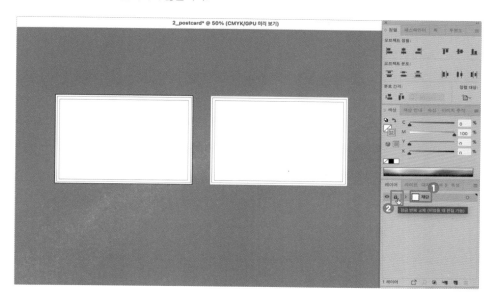

**10** 레이어 패널에서 새 레이어를 추가하고 [재단] 레이어의 아래로 드래그하여 내린 다음 [인쇄] 레이어라고 이름을 변경합니다. 해당 레이어를 선택한 상태로 양면 디자인을 진행합니다.

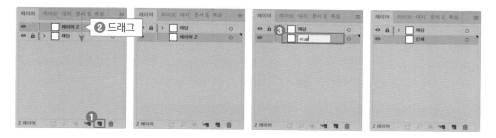

## 3D 입체 문자 만들기

엽서 앞면에는 [문자 도구]와 3D 입체 효과를 이용해 직접 디자인을 만들어보겠습니다.

**1** [문자 도구]( T )를 선택한 후 안전선 안쪽에서 문자가 시작될 위치를 클릭하고 문자를 입력합니다. 문자 편집은 문자를 세 번 클릭하거나 드래그하여 편집을 할 수 있습니다. 제어 패널이나 오른쪽 문자 패널을 이용하여 폰트, 크기, 색상 등을 조정할 수 있습니다. 문자와 색상 패널에서 색상을 노란색([M30, Y100])으로 조정하고, 자간을 [200]으로 조정해보았습니다.

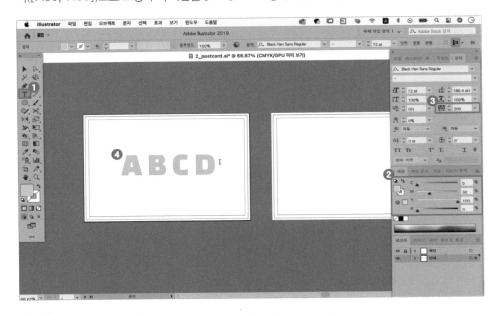

**Tip** 다음 과정에서 3D 효과를 적용할 예정이므로, 획이 두껍고 단순한 폰트를 사용하면 조금 더 깔끔하게 입체면이 나누어집니다. 또한, 검은색은 입체면 구분이 조금 어려울 수 있습니다. 추후 검은색으로 재설정이 가능하니, 3D 문자로 변환하는 과정에서 문자 색상은 검은색 외의 색상으로 지정합니다.

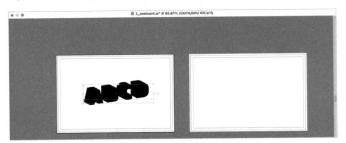

문자를 검은색으로 설정했을 때, 면 구분이 어려운 모습

**2** 문자를 입체적으로 만들어보겠습니다. 문자 레이어를 선택하고 [효과] 메뉴-[3D]-[돌출과 경사]를 선택합니다.

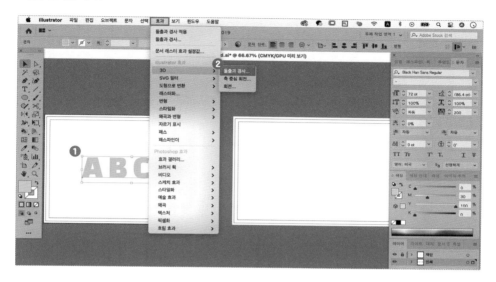

**3** 3D 돌출과 경사 옵션 창이 뜨면, 원하는 방향대로 위치를 조절해줍니다. 위치를 조절하는 방법은 세 가지가 있습니다. 첫 번째는 제공되는 위치 옵션을 선택하는 방법, 두 번째는 직접 수치를 입력하는 방법, 세 번째는 입체 도형을 직접 선택하고 돌리는 방법입니다. [미리보기]를 체크하면 3D 효과가 적용된 문자를 볼 수 있으므로 결과물을 보며 조금씩 조정합니다. 돌출 깊이는 입체 문자의 두께이고, 표면은 정해진 옵션 중 선택할 수 있습니다. 여기에서는 [플라스틱 음영]을 선택하였습니다. [확인] 버튼을 누르면 미리보기와 같이 3D 효과가 적용된 입체 문자가 생성됩니다.

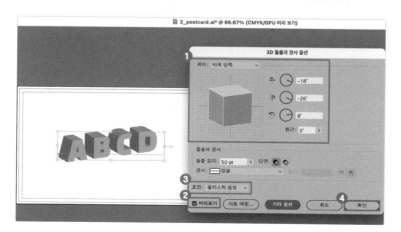

**4** 입체 문자를 [선택 도구](V)로 선택하면 주변에 크기를 조절할 수 있는 선이 생깁니다. shift 와 Option 을 함께 누른 상태에서 드래그해서 비율에 맞게 크기를 키워줄 수 있습니다.

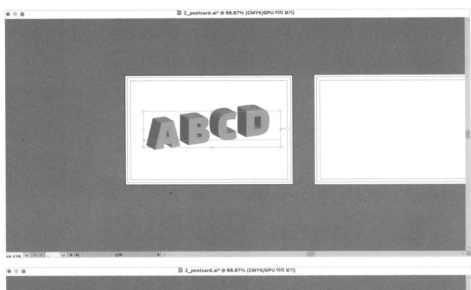

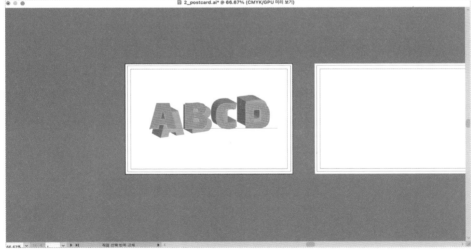

**5** 혹은 3D 효과가 적용된 상태에서 문자 패널을 이용해 글자의 크기를 비롯해 위치, 주 색상, 자간 등을 변경할 수 있습니다.

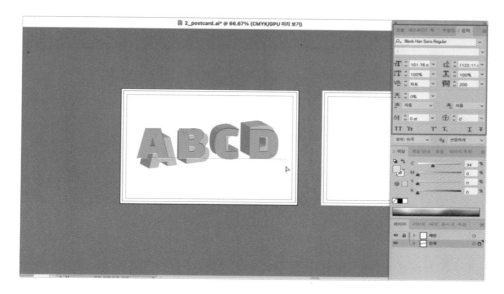

**6** 이제 입체 면별로 색상을 변경하겠습니다. [선택 도구]( V )로 문자를 선택한 뒤 [오브젝트] 메뉴-[모양 확장]( cmd + shift + E )을 선택합니다.

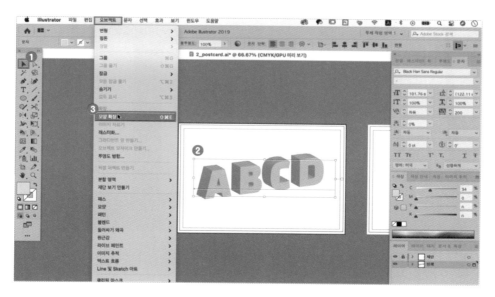

**7** 이제 문자가 아닌 각각의 도형으로 취급되므로, 나눠진 면마다 색상을 수정할 수 있습니다.

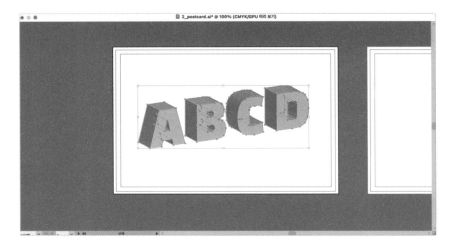

 만약 도형으로 나눠지지 않았다면 **[모양 확장]**을 누른 뒤 다시 **[오브젝트]** 메뉴로 들어가 활성화된 **[확장]**을 선택합니다.

**8** 그룹화된 글씨를 선택한 후 그룹화 해제( cmd + shift + G )를 합니다. 전체 문자 그룹이 해제되고, 문자 하나씩 그룹으로 묶여 있습니다.

**9** 문자를 눌러서 다시 한번 더 그룹화 해제( cmd + shift + G )를 합니다. 이제 각 문자도 하나씩 선택할 수 있게 되었습니다.

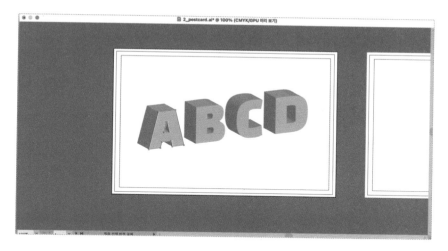

**10** 이 상태에서 문자에서 원하는 부분을 선택하여 색상을 지정합니다.

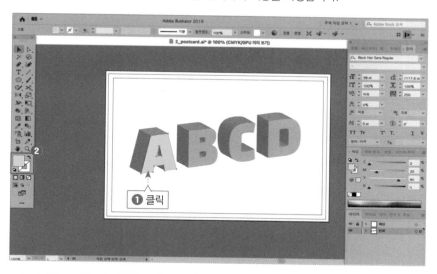

**❶ 클릭**

> Tip 그룹화를 해제하지 않아도 [직접 선택 도구]로 색상 변경이 필요한 면을 눌러서 색상을 변경할 수도 있습니다.

**11** 다음과 같이 둥글게 그려진 부분은 그러데이션 효과를 확장했기 때문에, 면이 각 색상별로 나뉘어져 있습니다. 해당 글자를 그룹화 해제하겠습니다. 해당 면들을 구간이 나누어진 부분 혹은 같은 색상을 주려고 하는 부분을 [선택 도구](V)나 [직접 선택 도구](A)를 이용해 shift 를 누른 상태에서 함께 선택합니다. 그런 다음 패스파인더 패널에서 [모양 모드]-[합치기]를 눌러서 한 면으로 합쳐줍니다.

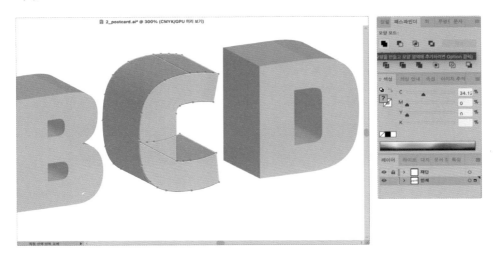

**12** 이렇게 해서도 선택이 각각 잘되지 않는 경우, 해당 부분에 마우스 우클릭을 하고 [그룹 풀기] 및 [클리핑 마스크 풀기]를 선택합니다. 그러면 한 면씩 선택할 수 있게 됩니다.

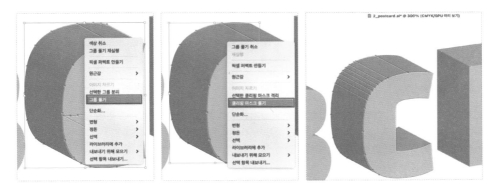

**13** 클리핑 마스크를 해제한 후 해당 영역을 선택하고 한 번 더 그룹화 해제( cmd + shift + G )를 진행합니다. 그러면 다음과 같이 한 면씩 선택할 수 있게 됩니다.

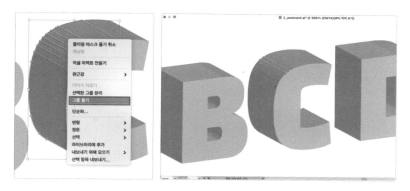

**14** 같은 색상으로 합칠 면들을 함께 선택하고 패스파인더 패널에서 [합치기]를 클릭하면 하나의 오브젝트로 합쳐집니다.

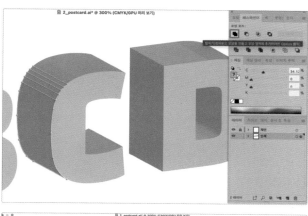

**15** 해당 면들을 선택하여 색상을 지정합니다. 각 면을 다음과 같이 각각 선택하여 전부 다르게 설정할 수도 있고, shift 를 누르며 함께 클릭해 한 번에 선택한 면들을 같은 색으로 변경할 수 있습니다.

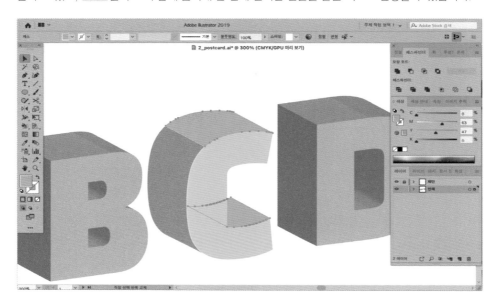

**16** [도형 도구]를 이용하여 배경을 칠해줄 차례입니다. [사각형 도구]( M )를 선택하고 화면에 클릭하여 154×104mm(여유분을 포함한 전체 작업 영역)의 배경 레이어 사각형을 만들어줍니다. 정렬 패널에서 [가로 가운데 정렬] 및 [세로 가운데 정렬]을 클릭해 아트보드 한가운데에 배치합니다.

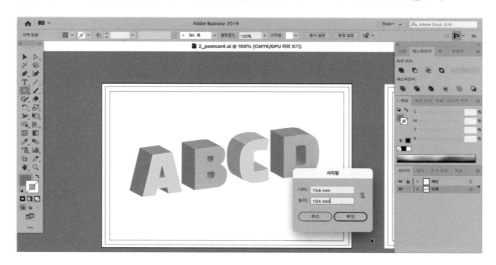

**17** 배경 레이어 사각형을 선택한 상태로 색상 패널에서 색상([Y45])을 설정합니다.

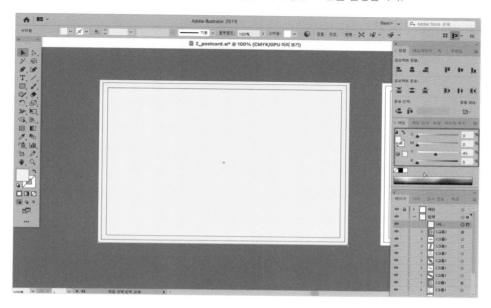

**18** 문자 레이어를 배경 레이어가 가리고 있으므로, 배경 레이어를 선택한 상태에서 [뒤로 보내기]
( shift + ] ) 혹은 [맨 뒤로 내리기]( cmd + shift + ] )를 해서 문자 레이어 아래로 내려줍니다.

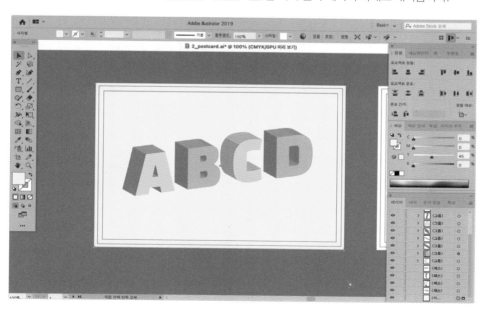

## 엽서 뒷면 제작하기

**1** 엽서 뒷면을 만들어보겠습니다. 앞면의 배경 레이어를 선택하고 복사( cmd + C )한 후 뒷면이 될 오른쪽 아트보드를 선택하고 제자리에 붙여넣기( cmd + shift + V )를 진행합니다.

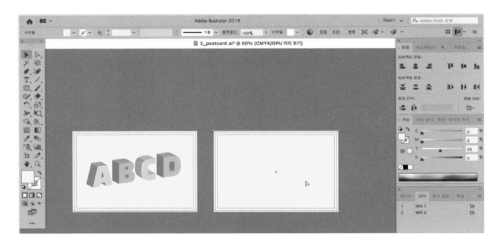

**2** 글자를 쓸 수 있는 상자를 만들어줄 것입니다. 뒷면의 배경 레이어를 선택하고 [오브젝트] 메뉴-[패스]-[패스 이동]을 선택합니다.

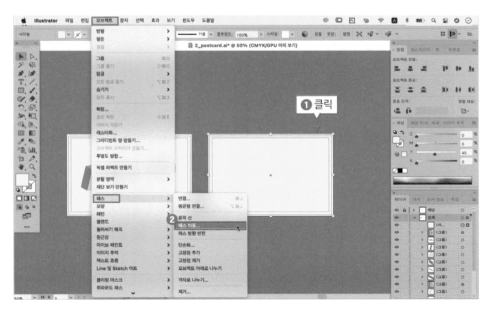

**3** [미리보기]를 체크한 후 이동 값을 [-15mm]로 설정합니다.

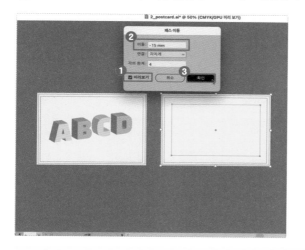

> **Tip** 이동 값은 여러분이 원하는 만큼 설정해도 관계없지만, (실습 엽서 사이즈와 작업 사이즈, 안전선 간격이 동일할 경우) 안전선을 고려하여 -5mm까지는 설정하지 않습니다.

**4** 패스 이동을 적용한 후 선택된 안쪽 사각형의 면 색상을 흰색으로 변경합니다.

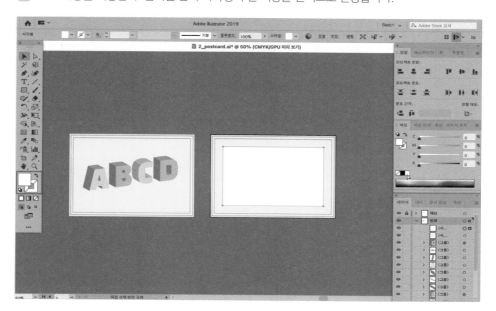

5  글을 쓸 수 있는 선을 만들어보겠습니다. [스포이드 도구]( I )를 이용하여 배경색을 클릭하여 색을 추출합니다. [칠과 선 교체]를 클릭하고, [펜 도구]( P ) 혹은 [선분 도구]( \ )를 선택합니다. 시작점을 선택하고, shift 를 누르며 선을 원하는 부분까지 그려줍니다. 제어 패널에서 해당 선분을 선택한 상태에서 획의 굵기를 변경할 수 있습니다.

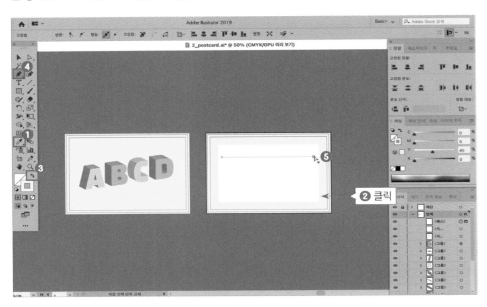

6  선을 선택하고 정렬 패널에서 [대지에 정렬]을 기준으로 [가로 가운데 정렬]을 합니다.

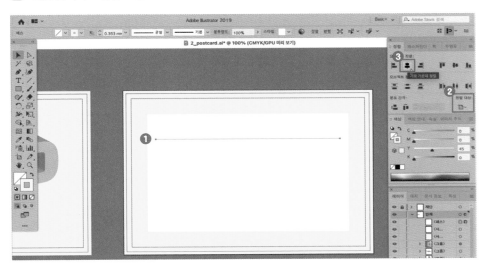

**7** 선을 선택한 상태로 마우스 우클릭을 하고 **[이동]**을 선택합니다.

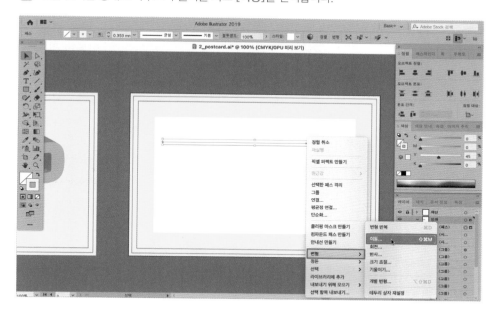

**8** 선이 세로로 이동 복사되도록 다음과 같이 입력한 후 **[복사]**를 누릅니다.

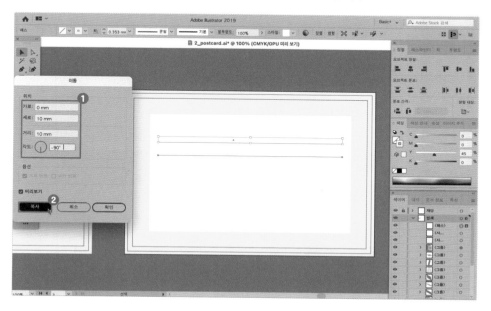

**9** 그 상태에서 실행한 기능을 반복해서 진행할 수 있는 cmd + D 를 눌러 줄을 몇 개 더 추가합니다.

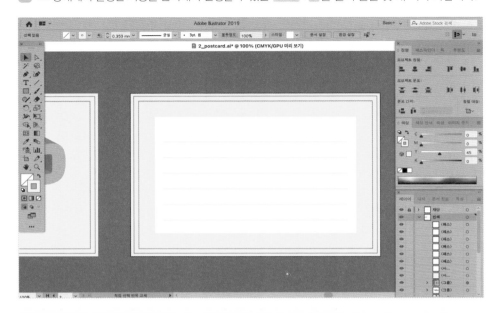

> **Tip** [선택 도구]를 이용해 option + shift 를 함께 누르면서 아래로 드래그하여 복사한 후, 정렬 기능을 사용
> 하여 줄의 간격을 맞춰줄 수도 있습니다.

**10** shift 를 누르면서 [선택 도구]( V )로 줄을 함께 선택하고 그룹화( cmd + G )합니다. [오브젝트]
메뉴-[확장]을 눌러서 선을 면으로 만들어 줍니다. 필요하다면 모든 선을 선택한 상태로 [세로 가운데
정렬]로 선을 정렬해줍니다.

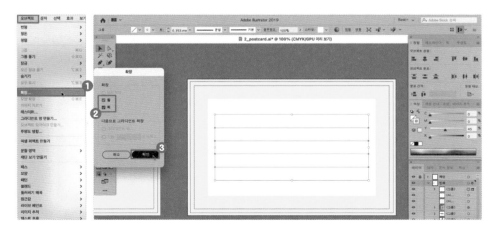

정상적으로 선이 확장되어 면으로 설정된 모습

**11** [인쇄] 레이어에 일러스트가 잘 들어가 있는지 확인한 후 [재단] 폴더의 잠금을 풀어줍니다. 안전선은 반드시 삭제하고 재단선도 지워줄 것이므로 재단 폴더 자체를 선택한 후 휴지통 아이콘을 눌러 삭제합니다. 재단선은 업체에 따라 다르지만, 보통 규격을 사이트에 입력하여 만드는 단순 도형 재단의 경우에는 재단선을 포함하지 않아도 되는 경우가 많습니다.

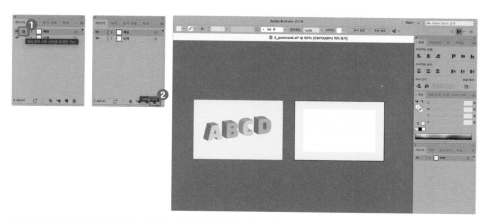

**Tip** 아트보드의 간격은 20mm 이상 여유가 있어야 합니다. 이번 실습과 같이 양면 인쇄물일 경우, 아트보드를 수평으로 나란히 놓아서 작업하여 짝을 맞춥니다.

**12** [다른 이름으로 저장]( shift + cmd + S )한 후 확장자를 [Adobe PDF (pdf)]로 설정하고 [저장] 버튼을 누릅니다.

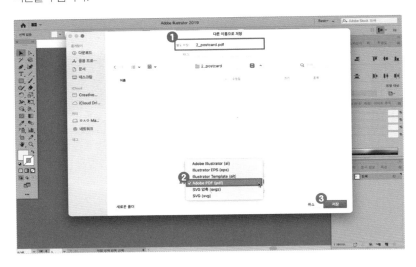

**13** PDF 설정 창이 뜨면 [레드프린팅]의 기준에 맞게 옵션을 설정합니다. 사전 설정은 [출판 품질]을 선택하고, 호환성은 [Acrobat 6 (PDF 1.5)] 이상 버전을 선택합니다. 옵션 창에서 [Illustrator 편집 기능 보존]은 해제하고 [상위 레벨에서부터 Acrobat 레이어 만들기]는 체크한 다음 [PDF 저장] 버튼을 눌러 파일을 생성합니다.

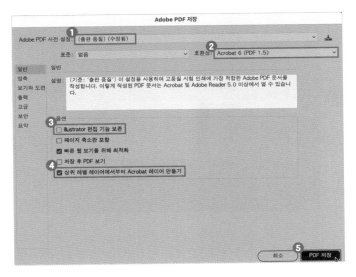

**14** [레드프린팅]의 [스테이셔너리] 메뉴-[일반 카드] 페이지에서 다음과 같이 옵션을 자유롭게 선택합니다. [주문가능용지] 버튼을 누르면, 용지에 대한 간단한 설명들을 볼 수 있습니다. 인쇄도수는 [양면], 재단 사이즈는 가로 [150], 세로 [100]으로 입력합니다. 두 가지 작업을 했지만, 하나의 인쇄물이므로 주문건수는 1건입니다. PDF 파일을 업로드하고, 후가공을 별도로 원하는 경우 해당 옵션을 선택하여 주문하기를 진행합니다. 결제 완료 후 파일에 문제가 없으면 마이페이지에서 발주 제품의 이미지와 정보를 확인할 수 있습니다.

## 후가공 용어 알아보기

후가공이란 말 그대로 인쇄를 진행한 후 특정 용도를 위하여 종이를 가공하는 것을 말합니다. 예를 들어 접혀 있는 청첩장, 쉽게 뜯을 수 있는 놀이공원 입장권, 테두리를 둥글게 만든 명함, 고리로 연결할수 있도록 동그란 구멍이 뚫린 단어장 등은 모두 인쇄를 진행한 다음 후가공 과정을 거친 제품입니다.이러한 후가공들을 접지, 미싱, 타공, 오시 등 조금은 생소할 수 있는 용어로 사용합니다. 이 페이지에서는 후가공에는 어떤 것들이 있고, 어떤 용도로 사용하는지 알아보겠습니다.

· **코팅(라미네이팅)**: 인쇄 종이 위에 얇은 비닐 필름을 입히는 작업입니다. 단면, 양면, 무광, 유광 옵션을 선택할 수 있습니다. 인쇄물 보호, 촉감, 분위기 등을 고려하여 자유롭게 선택할 수 있습니다. 유광 코팅은 흔히 보는 스티커 전단지 등이고, 인쇄 면에 광이 납니다. 무광 코팅은 광이 나지 않는 대신에, 조금 더 차분한 느낌을 낼 수 있고 보들보들한 촉감을 가지고 있습니다.

· **접지**: 인쇄물을 접는 가공법입니다. 가로, 세로 방향과 2단 접지, 3단 접지 등 다양한 접지 옵션이 있습니다. 가이드 및 템플릿을 다운로드 받아서 사용할 수 있습니다. 미술관 안내 리플렛 등을 생각하면 됩니다.

· **타공**: 인쇄물에 구멍을 뚫는 후가공 방식입니다. 3~7mm까지 타공 크기를 정할 수 있습니다. 타공선도 최종 재단선에서 3mm 이상 안쪽(안전선)으로 배치하는 것이 좋습니다. 타공점은 [타공]이라는 레이어를 추가하고 [원형 도구](L)를 이용하여 타공 칼선을 그려 만들어줍니다. 선 색상은 [M100] 으로 지정합니다.

· **책받침 코팅**: 말 그대로 책받침, 책갈피와 같이 두께가 있는 비닐로 견고하게 만드는 가공법입니다.

· **미싱**: 인쇄물의 일부를 쉽게 뜯어 분리할 수 있게 하는 점선 커팅을 말합니다. 영화관, 놀이동산의 입장권을 생각하면 됩니다. [미싱]이라는 이름의 새 레이어를 선택한 뒤 [M100]의 칼선으로 원하는 위치에 표시합니다. 칼선 속성은 일러스트레이터의 획 패널에서 [가운데로 선 정렬](중앙 기준)으로 만들어야 합니다.

· **오시**: 인쇄물을 잘 접을 수 있도록 자국을 만들어주는 가공법(누름 자국 내기)입니다. 청접장, 초대장과 같은 인쇄물에 주로 사용합니다.

· **귀돌이**: 재단한 인쇄물의 귀퉁이를 둥글게 잘라내는 가공법입니다. 위쪽의 왼쪽과 오른쪽, 아랫쪽의 왼쪽과 오른쪽 중에서 원하는 위치에만 적용할 수 있습니다.

· **모양 커팅**: 원하는 모양대로 자유롭게 커팅할 수 있습니다. [커팅] 레이어를 추가하여, [M100]의 칼선으로 표시합니다. 칼선 속성은 일러스트레이터의 획 패널에서 [가운데로 선 정렬]로 지정하고 접수합니다.

· **화이트 인쇄**: 말 그대로 흰색 잉크로 인쇄하는 것을 말합니다. 색이 있는 종이 혹은 투명한 용지에 사용하며, 흰색 이미지를 표현할 때 혹은 흰색 이미지를 먼저 칠하고, 그 위에 잉크를 칠하여 선명하게 인쇄할 때 사용합니다. 아크릴 키링 제작 실습 과정에서 자세한 제작 방법을 알아보겠습니다.

## 아웃라인 작업(글자 깨기)

폰트로 입력한 문자를 인쇄 파일로 만들기 위해서는 꼭 벡터 이미지로 변경해주어야 합니다. 이것을 '아웃라인 작업'이라고 하며, 보통 '폰트를 깬다, 글자를 깬다, 아웃라인을 따다, 아웃라인 처리를 하다, 윤곽선 처리를 하다' 등으로 말하기도 합니다. 내가 사용한 폰트가 인쇄소의 PC에서는 읽히지 않아 인쇄가 정상적으로 나오지 않을 수 있으므로, 꼭 이 과정을 거쳐야 합니다. 인쇄소에서 "글자 깨서 다시 파일 접수해주세요"라고 하면 당황하지 않고, 이 과정 하나만 해주면 됩니다. 이렇게 아웃라인 처리를 한 문자는 벡터 이미지로 도형화되었으므로, [선택 도구]와 고정점 등을 이용하여 모양을 바꿀 수도 있습니다.

**1** [문자 도구](T)를 선택하고 글을 시작할 부분을 선택한 후 문자를 입력합니다. 문자를 세 번 연속으로 클릭 혹은 바꾸고자 하는 문자를 드래그하여 선택을 한 후 제어 패널이나 문자 패널에서 변경이 가능합니다.

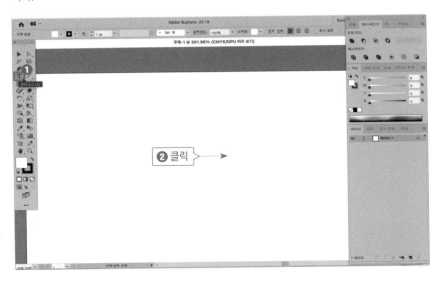

**2** 자간, 폭, 비율 등 세부적인 내용도 문자 패널을 사용하여 수정 가능합니다.

**Tip** 무료 사용이 가능한 폰트라도 자간, 폭, 비율 등의 수정을 제한하는 경우가 있습니다. 폰트 사용 시 함께 체크하여 주의하도록 합니다.

**3** 문자의 수정을 모두 마쳤다면 [선택 도구]( V )로 문자를 선택합니다. [문자] 메뉴-[윤곽선 만들기]( cmd + shift + O )를 선택하거나 혹은 마우스 우클릭을 하고 [윤곽선 만들기]를 선택합니다. 그럼 문자의 모양대로 점과 패스가 표시되면 완성입니다. 폰트 사용 시 항상 이 과정을 꼭 체크하시길 바랍니다!

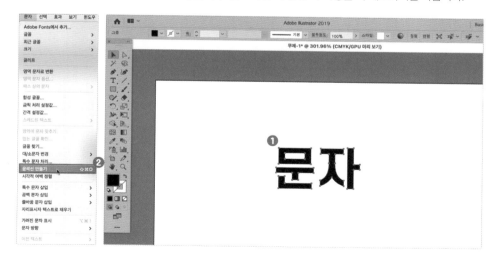

## 아웃라인 처리한 문자를 도형처럼 설정하고 싶을 때

아웃라인 처리한 문자는, 각각 분리된 도형으로 나뉘어집니다. 이 말인즉슨 각 도형별로 수정이 가능하다는 이야기입니다. 아웃라인 처리를 한 후, 해당 문자를 선택해보면 아직은 하나의 그룹으로 묶어져 있습니다. 이때 변경할 수 있는 두 가지 방법이 있습니다.

### 1 그룹화를 해제하여 변경하기

해당 문자를 [선택 도구]( V )로 선택한 후 그룹화 해제( cmd + shift + G )를 합니다. 전체 그룹이 풀려서 각 글자별로 그룹이 나누어집니다. 각 문자를 선택한 후 한 번 더 그룹화 해제( cmd + shift + G )를 진행하면 각 도형별로 선택하여 색상, 크기 등을 변경할 수 있습니다.

## 2 그룹화를 해제하지 않고 변경하기

그룹화하지 않은 상태에서도 각 도형을 설정할 수 있습니다. [**직접 선택 도구**]( A )를 선택한 뒤 도형을 선택합니다. 변형하고자 하는 도형을 직접 선택하여, 색상과 모양 등을 변경할 수 있습니다.

**Tip** [돋보기 도구]( Z , cmd + + )를 이용하면 조금 더 섬세한 작업이 가능합니다.

## Lesson 03 — 포스터

인테리어 혹은 홍보용 포스터도 학습한 내용을 응용하여 쉽게 제작할 수 있습니다. 이번 장에서는 앞에서 배웠던 [도형 도구]와 [펜 도구]를 이용하여 A3(301×424mm) 크기의 커다란 인테리어용 포스터를 제작할 것입니다. 제작 전 유의할 점은 인쇄 후 실제 크기를 고려하여 디자인해야 한다는 것입니다. 종이가 크다고 해서 무조건 많은 오브젝트를 담으려고 하면 오히려 포스터가 걸린 공간을 어지럽게만 할 수도 있습니다. 커다란 크기의 빈 아트보드를 어디서부터 채워야 할지 막막하다면, 간단한 주제를 정하여 단순한 도형과 문자를 활용하여 여러 방법으로 배치해봅시다.

### 포스터 작업하기

**1** [레드프린팅](www.redprinting.co.kr/ko)의 [디지털 인쇄]-[홍보물]-[종이 포스터] 제작 페이지에 들어갑니다.

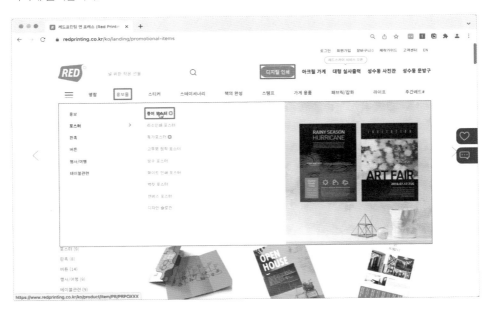

**2** 규격은 [A3(301×424)]를 선택하고, 작업 사이즈를 확인합니다. 작업 사이즈는 사방 2mm 여유분을 더한 301×424mm입니다.

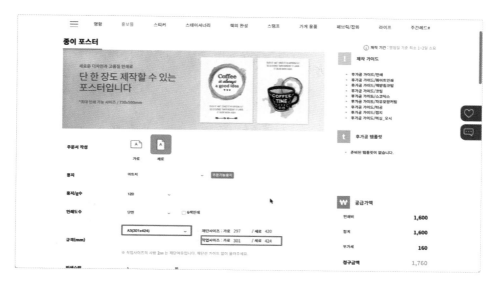

**3** 일러스트레이터에서 새 작업 창을 생성합니다. 폭과 높이는 편집 사이즈인 301×424mm로 설정하고, 색상 모드는 [CMYK 색상], 해상도를 지정하는 래스터 효과는 [고(300ppi)]를 선택하고 [제작]을 클릭합니다.

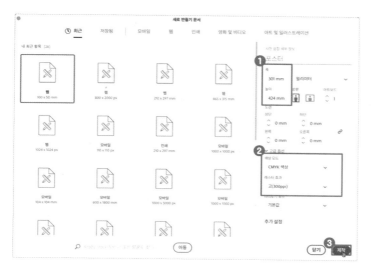

**4** 오른쪽 레이어 패널에서 **[인쇄]** 레이어와 **[재단선]** 레이어를 먼저 구분하여 만든 뒤, **[재단선]** 레이어를 선택하고 해당 레이어 아래로 재단선과 안전선을 만듭니다. 선 색상만 **[M100]**으로 지정하고 **[사각형 도구]**( **M** )로 297×420mm 크기의 사각형을 그립니다.

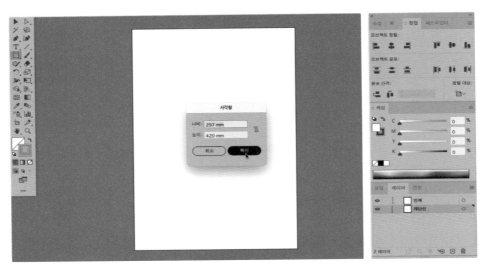

**5** 계속해서 **[사각형 도구]**를 이용하여 사방으로 3mm를 뺀 291×414mm 크기의 사각형을 만들어 줍니다.

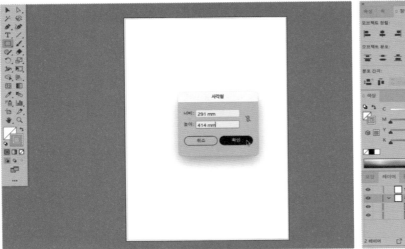
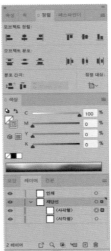

**6** [선택 도구]( V )를 이용하여 두 도형을 드래그하여 선택하고, 정렬 패널에서 정렬 대상을 [대지에 정렬]로 선택한 후 [가로 가운데 정렬], [세로 가운데 정렬]을 각각 선택하여 아트보드 가운데로 작업선을 위치시킵니다. 작업선(재단선, 안전선)은 레이어 패널에서 잠금 처리합니다.

Tip 작업선들은 제작 참고용이며 파일 작업 완료 후에는 삭제합니다.

**7** 레이어 패널에서 [인쇄] 레이어를 선택한 상태에서 포스터 디자인 작업을 시작합니다. 우선 배경을 채워보겠습니다. [사각형 도구]( M )로 작업 사이즈인 301×424mm 크기의 사각형을 생성합니다.

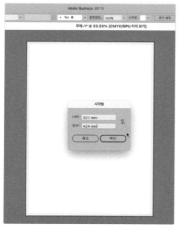 

**8** 선 색상은 [**없음**]으로 처리하고, 면 색상을 [**C33, M4**]로 선택합니다.

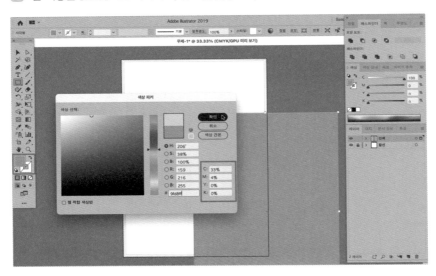

**9** [**원형 도구**]( L )를 이용하여 간단한 일러스트를 만들어보겠습니다. 먼저 원을 두 개 만들고 겹쳐서 초승달을 그려볼게요. 첫 번째 원을 만든 뒤 option 과 shift 를 함께 눌러서 도형을 옆으로 옮겨줍니다.

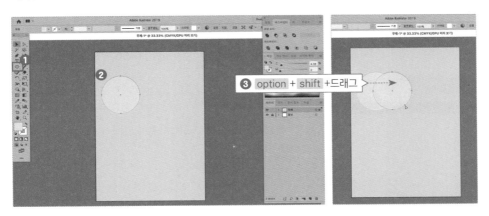

Tip♪ 정원을 만들고 싶으면 shift 를 누른 상태로 [**원형 도구**]로 원을 그려주면 됩니다.

**10** 두 원을 동시에 선택하고 패스파인더 패널에서 첫번째 줄 두 번째에 있는 [앞면 오브젝트 제거]를 클릭합니다. 그럼 초승달이 완성됩니다!

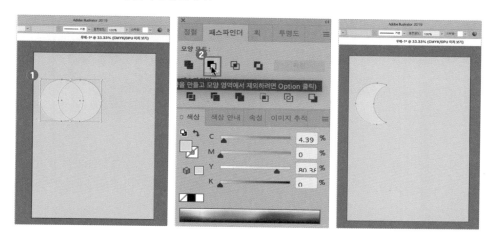

**11** 이번에도 도형과 패스파인더를 이용하여 구름을 만들어보겠습니다. 원을 만들고 option + shift 를 누르면서 옆으로 원을 이동시킵니다. 한 번 더 반복하여 세 개의 원을 구름 모양으로 겹쳐 놓습니다. 세 도형을 드래그하여 모두 선택한 후 패스파인더 패널에서 [합치기] 버튼을 눌러 하나의 구름 형태로 만들어줍니다.

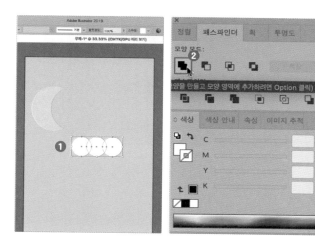
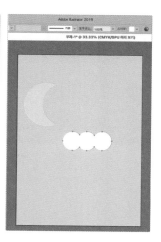

**Tip** 수치를 이용하여 일정한 간격으로 위치시키고 싶은 경우 정렬 패널에서 [분포 간격] 옵션을 이용합니다. [선택 영역으로 정렬]을 선택한 뒤 세 도형을 드래그하여 선택하고 [세로 가운데 정렬]을 통하여 원들을 옆으로 같은 위치로 조정합니다. [주요 오브젝트의 정렬]로 바꿔준 뒤 세 원을 다시 드래그합니다. [분포 간격] 옵션에서 적당한 수치를 입력한 후 [가로 공간 분포] 아이콘을 클릭합니다. 이때 겹치게 하려는 경우 마이너스( — )를 넣어 숫자를 적습니다.

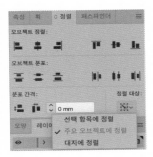

**12** 가운데 큰 원을 그리고, 사각형을 길게 그려서 행성을 만들어줍니다. 색상과 크기 등을 조정한 후 이동 시 편리하게 하기 위하여 두 도형을 선택하고 그룹화( cmd + G )합니다. 이제 shift 로 두 도형을 선택하지 않아도 원과 사각형을 함께 움직일 수 있습니다.

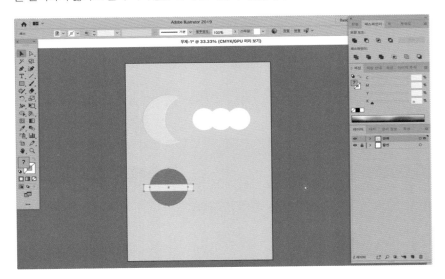

**13** 도구 상자에서 **[도형 도구]** 아이콘을 2초 정도 꾹 누르면 다른 도형을 만들 수 있는 창이 뜹니다. **[별모양 도구]**를 이용하여, 별과 반짝이를 표현해보겠습니다. **[별모양 도구]**를 선택하고 그려 넣을 공간에 클릭합니다. 별모양 옵션 창에서 점의 개수를 **[4]**로 설정합니다. 반경1은 별모양의 중심에서 가장 안쪽까지의 거리, 반경2는 가장 바깥쪽까지의 거리입니다. 둘의 수치 차이가 클수록, 뾰족한 별이 만들어집니다.

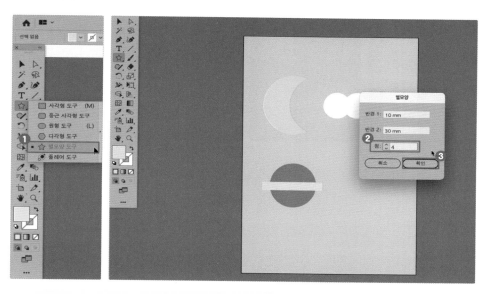

**Tip** **[별모양 도구]**를 선택한 뒤, 원하는 위치에 원하는 크기로 쭉 드래그해도 됩니다. 그 상태로 놓지 않고, 키보드의 아래 화살표를 누르면, 도형의 점이 줄어들며 반짝이 모양으로 변합니다. 다시 위 화살표를 누르면 점이 추가됩니다.

**14** 반짝이 모양을 클릭하면 테두리 사각 상자(바운딩 박스)가 나타납니다. 이를 이용하여 크기를 조정하고, 테두리 선 위에 점들 가까이로 마우스를 가지고 가면, 회전 모양으로 바뀌며 회전시킬 수도 있습니다. 다양한 반짝이들을 만들어서 화면 위에 위치시킵니다.

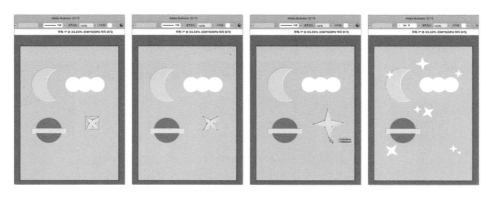

**15** [별모양 도구]를 이용하여 원하는 위치에 원하는 크기로 별 도형을 만듭니다. 크고 작은 별 몇 개를 추가합니다.

**16** 일부 별들의 뾰족한 꼭짓점 부분을 완만하게 만들어보겠습니다. [직접 선택 도구]( A )를 선택하고 shift 를 누르며 나머지 4개의 바깥 꼭짓점들을 선택합니다.

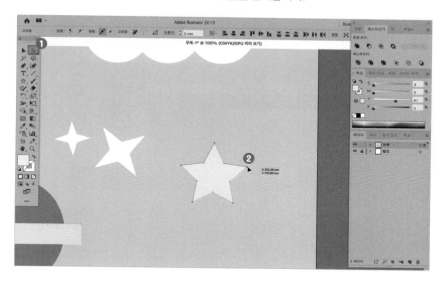

**17** 모두 선택하면 제어 패널에 도형의 모퉁이 부분을 조정할 수 있는 부분이 나타납니다. 상하 화살표로 조절하거나 원하는 수치를 입력하여 모퉁이를 둥글게 만들어줍니다.

**18** [선택 도구]( V )를 이용하여 위치를 조정하고, 크기와 색상 등을 원하는 대로 조절합니다. 도형을 활용하여 여러 가지 일러스트를 자유롭게 만들어도 좋습니다. 다 정리한 후에는 해당 도형들이 인쇄 면에 잘 들어가 있는지 확인한 후, 안전선과 작업선은 레이어 패널에서 선택한 후  Delete 를 누르거나 휴지통 버튼을 눌러 삭제합니다.

**19** [다른 이름으로 저장]( shift + cmd + S )한 후 확장자를 [Adobe PDF (pdf)]로 설정하고 [저장] 버튼을 누릅니다. PDF 설정 창에서 사전 설정은 [출판 품질]을 선택하고, 호환성은 [Acrobat 6 (PDF 1.5)] 이상 버전을 선택합니다. [상위 레벨에서부터 Acrobat 레이어 만들기]는 체크한 다음 [PDF 저장] 버튼을 눌러 파일을 생성합니다.

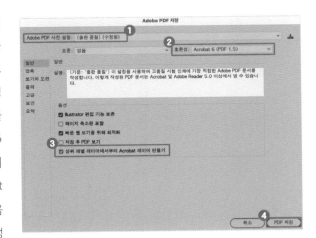

**20** [레드프린팅] 사이트 내에 메뉴에서 [홍보물]-[포스터]-[종이 포스터]를 선택합니다. 가로세로 옵션과 용지, 종이의 그램(g)수, 규격, 수량, 제목 등을 설정합니다. 용지는 [주문가능용지]를 눌러 사진과 주된 제작 용도에 대한 설명을 볼 수 있습니다. 종이마다 재질과 두께가 다르지만, 같은 종이에서는 g수(평량)가 높을수록 조금 더 도톰하니, 사용 용도에 맞게 설정하면 됩니다. 옵션을 모두 선택한 후 [파일 업로드]를 눌러 PDF 파일을 업로드합니다. 오른쪽에 나타난 금액을 확인한 후 [주문하기] 버튼을 눌러 발주를 진행합니다. 결제 완료 후 파일에 문제가 없으면 마이페이지에서 발주 제품의 이미지와 정보를 확인할 수 있습니다.

# 원형 스티커

원형 스티커는 말 그대로 원형의 반칼선이 들어간 스티커입니다. 메모지, 사각 스티커와 비슷하지만, **[재단선]**을 원형으로 제작합니다. 한 가지 주의할 점은 배경색을 넣어줄 경우에는 원형으로 넣는 것이 아니라 사각형 아트보드를 꽉 채워줘야 한다는 점입니다. 보통 제작 사이트에서 **[원형 스티커]** 혹은 **[도무송 스티커]** 항목을 통하여 접수할 수 있습니다. 이번 장에서는 가로세로 50×50mm의 원형 스티커를 만들어 보며 주의할 점을 살펴보겠습니다.

**Tip. 도무송 스티커란?**

도무송 스티커는 흔히 원하는 형태의 칼선이 있는 스티커를 말합니다. 틀에 따라 프레스로 찍는 톰슨(Thompson) 가공법(모양 따기)을 흔히 도무송이라고 부릅니다. 인쇄소 사이트에서 도무송 스티커가 없는 경우, 자유형 스티커나 칼선 스티커 등의 메뉴를 선택하면 됩니다.

## 원형 스티커 제작하기

**1** **[레드프린팅]**(www.redprinting.co.kr/ko)의 **[스티커 메뉴-원형 스티커]** 제작 페이지로 들어갑니다.

**2** [규격]에서 실습할 사이즈인 [50×50mm]를 선택하고, 작업 사이즈를 확인합니다. 작업 사이즈는 사방 2mm씩 여유분이 추가된 54×54mm입니다.

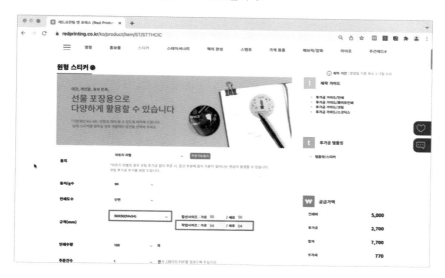

**3** 일러스트레이터에서 새 작업 창을 생성합니다. 폭과 높이는 54×54mm로 설정하고, 색상 모드는 [CMYK 색상], 래스터 효과는 [고(300ppi)]를 선택하고 [제작]을 클릭합니다.

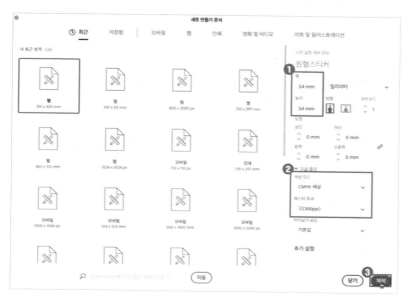

**4** [원형 도구](L)를 선택하고, 아트보드 위에 클릭하여 너비와 높이를 각각 50mm로 입력하여 재단선을 생성합니다. 면 색상은 [없음], 선 색상은 [M100]으로 설정합니다.

**5** 원을 선택하고 정렬 패널에서 [가로 가운데 정렬], [세로 가운데 정렬]을 설정합니다. 레이어의 이름은 해당 레이어를 선택하여 [칼선]으로 변경합니다.

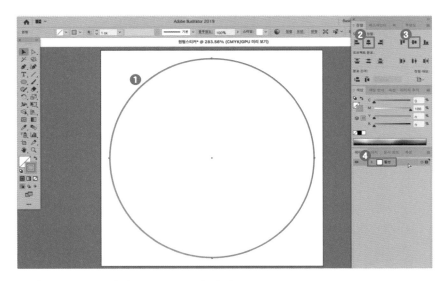

Tip ▶ 업체에서 요구하는 칼선 레이어의 이름이 있을 경우에는 [칼선], [반칼] 등 해당 이름으로 설정합니다.

**6** 반칼선이 밀려서 안쪽 이미지가 잘리는 것을 방지하기 위해 사방 3mm 안쪽으로 안전선을 만들어 안전선을 표시합니다. 사이즈는 가로세로 44×44mm의 원형 선을 만듭니다.

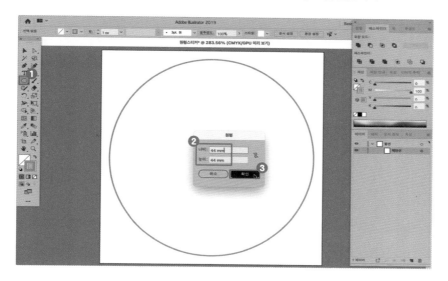

**7** 면 색상은 [없음], 선 색상은 [C100]으로 설정하고, 재단선과 동일하게 정렬 패널에서 [가로 가운데 정렬], [세로 가운데 정렬]을 합니다. 레이어 이름은 [안전선]으로 설정합니다.

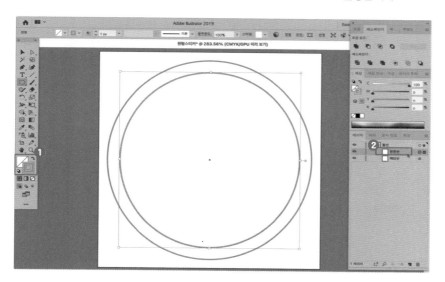

**8** 작업선들은 레이어 패널에서 잠금 처리를 하여 인쇄 면 작업 시 움직이지 않도록 합니다. (접수 시에는 잠금을 꼭 풀어주어야 합니다.) 레이어를 만들고 이름을 **[인쇄]**로 지정한 후, 재단선과 안전선 레이어의 아래로 위치시킵니다. 이제 **[인쇄]** 레이어 하단으로 인쇄 면 데이터가 생성될 수 있도록 **[인쇄]** 레이어를 클릭하여 해당 레이어에서 작업을 진행합니다.

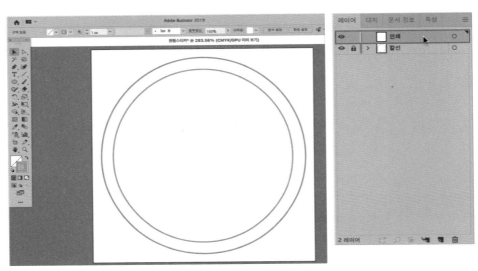

**9** 배경색을 먼저 넣어보겠습니다. 흰색으로 배경색을 넣는 경우에는 해당 과정을 생략해도 좋습니다. 배경은 전체 작업 면을 채워야 하기 때문에, 원형이 아닌 **[사각형 도구]**( **M** )를 선택하여 가로세로 54×54mm의 도형을 만들고 정렬 패널에서 **[가로 가운데 정렬]**, **[세로 가운데 정렬]**을 진행하여 아트 보드 전체를 채웁니다. 색상 패널에서 원하는 면 색상을 선택하고 선 색상은 **[없음]**으로 선택합니다.

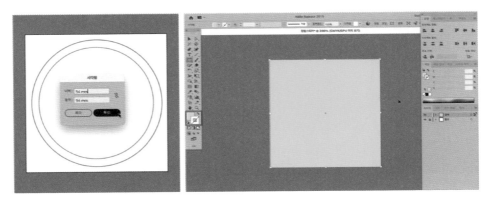

**10** 스티커 상단과 하단에 원을 따라 글자를 각각 입력해보겠습니다. **[원형 도구]**( L )를 선택하고, 안 전선보다 작은 크기인 가로세로 39×39mm인 원을 만들고 **[가로 가운데 정렬]**, **[세로 가운데 정렬]** 을 합니다.

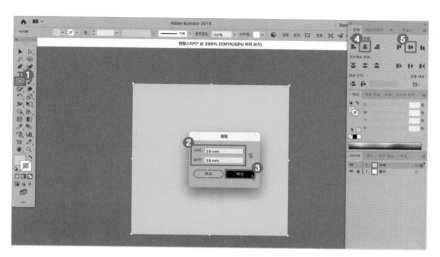

**11** 도구상자에서 **[문자 도구]**를 길게 누르고 하위 도구인 **[패스 상의 문자 도구]**를 선택합니다. 글자 를 입력하고자 하는 부분에 커서를 가져가 클릭하면, 선이 깜빡거리면서 글자를 입력할 수 있습니다. 원하는 문자를 입력하면 도구 상자의 **[선택 도구]**를 클릭하거나 cmd 를 누른 상태로 텍스트를 선택 합니다.

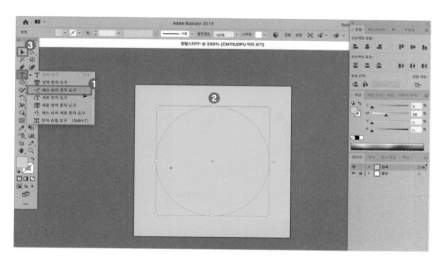

**12** 이때 외부에 생기는 크기와 위치를 조정할 수 있는 상자가 표시됩니다. 위치를 조정하고 싶다면 상자의 꼭짓점 부분으로 커서를 옮기면 회전 아이콘이 나타납니다. 크기를 줄이고 싶다면 `option` + `shift` 를 누른 상태로 안쪽으로 드래그합니다.

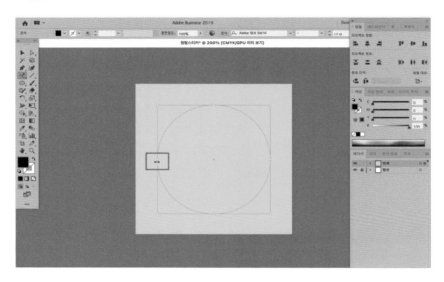

**13** 텍스트가 안전선에 가까워 기준선 밑으로 내려보겠습니다. 문자를 선택한 상태로 [문자] 메뉴-[패스 상의 문자]-[패스 상의 문자 옵션]을 선택합니다. 설정 창에서 [미리보기]를 체크한 후 패스에 정렬에서 [가운데] 혹은 [어센더]를 선택하고 [확인]을 클릭합니다.

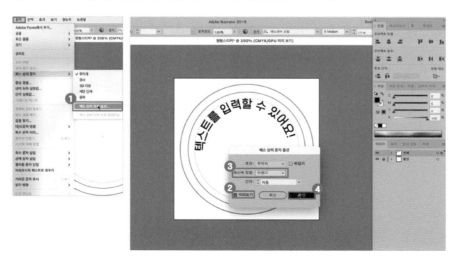

[선택 도구]( V )를 이용하여 직접 문자를 선택한 후 위치를 조정할 수도 있습니다. 수직으로 곧게 내리고 싶다면 shift 를 누르면서 문자를 드래그합니다.

**Tip 패스 상의 문자 옵션**

· 어센더: 글꼴의 맨 위 가장자리를 따라 정렬합니다.

· 디센더: 글꼴의 맨 아래 가장자리를 따라 정렬합니다.

· 중심점: 글꼴의 어센더와 디센더 사이의 중간 지점을 따라 정렬합니다

· 기준선: 기준선을 따라 정렬합니다. 초기값 설정입니다.

**14** 같은 방법으로 하단에도 글씨를 써보겠습니다. [원형 도구]( L )를 선택하고 지름 39mm의 원을 그린 후 가운데 정렬을 합니다. 이번엔 아래 꼭짓점에 커서를 가져다 대고 문자를 입력합니다.

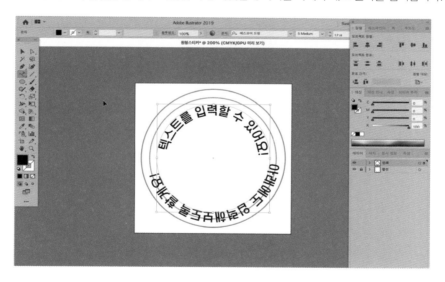

**15** [선택 도구]( V )로 문자를 선택한 뒤, 주변에 생기는 보조선 중 [ㅗ]의 커서를 가져다 대면 커서의 모양이 다음과 같이 변합니다. 그 상태에서 선을 클릭하여 안쪽으로 드래그하면 문자가 안쪽으로 옮겨집니다.

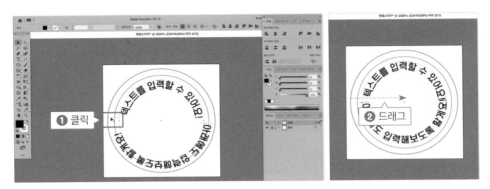

> **Tip** 문자를 드래그하여 안쪽으로 이동하는 과정에서 cmd 을 누르면서 드래그하면 문자가 뒤집히지 않고 해당 선 안에서만 이동합니다.

**16** 아까 입력한 문자들을 선택하고 [문자] 메뉴-[윤곽선 만들기]( shift + cmd + O )를 적용하여 글자를 깨줍니다.

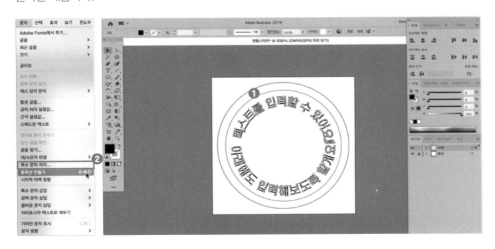

> **Tip** shift 를 누른 상태로 윤곽선을 만들어줄 문자들을 클릭하면 항목들이 함께 선택되어 한 번에 효과를 적용할 수 있습니다.

**17** 작업선의 잠금을 풀고 안전선은 삭제합니다. 마지막 저장 전, **[칼선]** 레이어와 **[인쇄]** 레이어에 각각 알맞은 개체들이 들어갔는지 레이어의 눈을 껐다 켜서 확인합니다. 또한 **[칼선]** 레이어와 **[인쇄]** 레이어가 위·아래로 잘 위치되었는지 확인합니다.

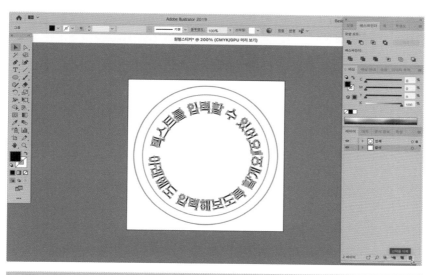

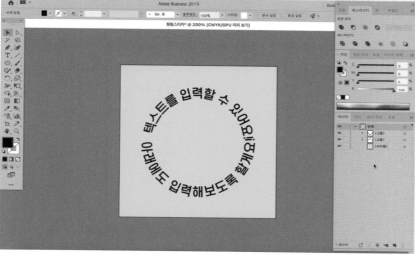

**18** [다른 이름으로 저장]( shift + cmd + S )한 후 확장자를 [Adobe PDF (pdf)]로 설정하고 [저장] 버튼을 누릅니다. PDF 설정 창에서 사전 설정은 **[출판 품질]**을 선택하고, 호환성은 [Acrobat 6 (PDF 1.5)] 이상 버전을 선택합니다. **[상위 레벨에서부터 Acrobat 레이어 만들기]**는 체크한 다음 [PDF 저장] 버튼을 눌러 파일을 생성합니다.

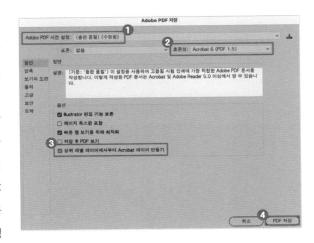

**19** [원형 스티커] 제작 페이지에서 용지, 수량, 규격, 제목, 후가공 여부, 재단 방법 등을 설정하고, 파일 업로드를 눌러 PDF 파일을 업로드합니다. 오른쪽에 나타난 금액을 확인한 후 **[주문하기]** 버튼을 눌러 발주를 진행합니다. 결제 완료 후 파일에 문제가 없으면 마이페이지에서 발주 제품의 이미지와 정보를 확인할 수 있습니다.

## Lesson 05 ─ 자유형 스티커

자유형 스티커는 말 그대로 제작자가 자유롭게 칼선을 지정하여 만들 수 있는 스티커를 말합니다. 어릴 적에 문구점에서 살 수 있던 캐릭터 스티커를 생각하면 됩니다. 칼선을 만드는 방법은 크게 어렵지 않지만, 스티커의 종류별로 조금씩 다릅니다. 예를 들어 주변에 일러스트의 주변에 여유분을 주어 그곳에 칼선을 만드는 유테 스티커와 그림을 확장하여 안쪽의 일러스트만 떼어서 사용할 수 있는 무테 스티커가 있습니다. 이번 시간에는 이와 같이 스티커의 생김새에 따라 자유형 칼선 작업을 어떻게 해야 하는지 알아보겠습니다. 더불어 칼선이 잘 나오려면 어떤 부분을 신경 써야 하는지도 함께 살펴보겠습니다.

### 테두리 여백을 포함한 유테 스티커 제작하기

테두리에 여백을 두고 칼선을 만드는 유테 스티커에 대해서 알아보겠습니다. 유테 스티커는 가장 외곽의 테두리를 기준으로 조금 더 큰 테두리를 그린다고 생각하면 쉽습니다. 실제로 무테 스티커보다 조금 더 쉽게 따라 만들 수 있으므로 먼저 유테 스티커의 칼선 연습을 해보겠습니다. 전체 스티커의 크기는 100×100mm(재단 사이즈 기준)로 지정하고, 그 안쪽으로 크고 작은 스티커를 넣어보겠습니다.

**1** 일러스트레이터에서 104×104mm 크기의 아트보드를 생성합니다. 이는 재단 시 잘려나가는 부분을 포함한 전체 아트보드의 사이즈입니다. 실제로 재단되는 스티커의 사이즈는 100×100mm입니다. 색상 모드는 [CMYK 색상], 래스터 효과는 [고(300ppi)]를 선택하고 [제작] 버튼을 클릭합니다.

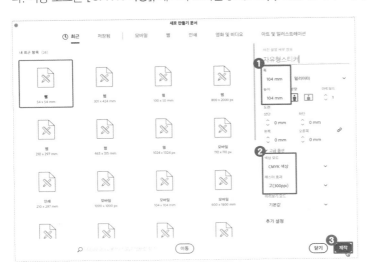

**2** 가장 먼저 100×100mm의 재단선과 사방 3mm 안쪽으로 94×94mm의 안전선을 설정합니다. 이때 재단선은 [M100], 안전선은 [C100]으로 설정하여 선 색상을 구분합니다.

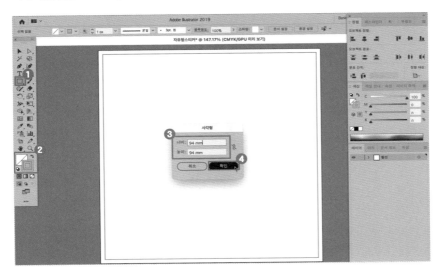

**3** 재단선과 안전선을 모두 선택( cmd + A )한 뒤, 정렬 패널에서 **[가로 가운데 정렬]**, **[세로 가운데 정렬]**을 진행하여 대지의 한가운데를 기준으로 배치합니다. 해당 선들은 레이어 옆의 잠금 아이콘을 클릭하여 움직이지 않도록 설정합니다.

**4** 재단선 안쪽에 들어갈 유테 스티커를 만들어보겠습니다. 이해하기 쉽도록 도형으로 먼저 진행해볼게요. **[원형 도구]**( L )를 이용하여 색을 채운 원을 만들어줍니다.

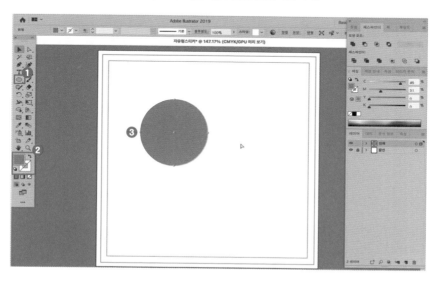

5 원을 클릭하고, [오브젝트] 메뉴-[패스]-[패스 이동]을 선택합니다. 입력 창에서 2~3mm 정도로 수치를 입력하고 [확인]을 눌러줍니다.

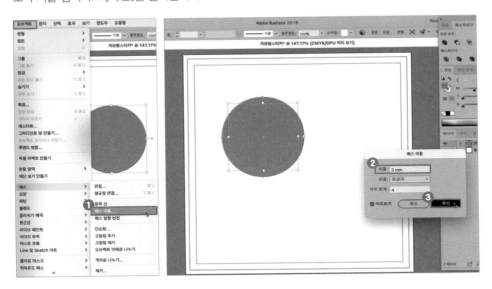

6 처음 그렸던 원보다 조금 더 큰 원이 그려졌습니다. 이 원에서 선 색상만 [M100]으로 설정하고, 칠 색상은 [없음]으로 설정합니다. 이 선이 칼선입니다.

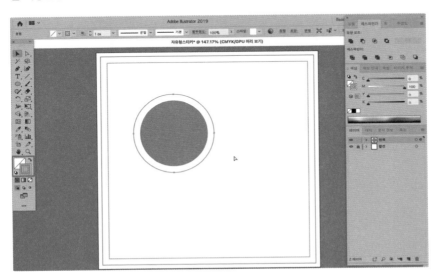

7 조금 떨어진 곳에 한 번 더 응용해보겠습니다. 원을 세 개를 만들고 나란히 겹치게 배치해서 구름 모양을 만듭니다. 만들어진 구름 모양은 shift 를 누르며 한 번에 선택하고, 패스파인더 패널에서 [합치기]를 눌러 하나의 도형으로 만듭니다. 칠 색상은 원하는 색으로 지정합니다.

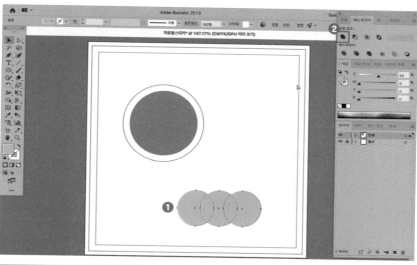

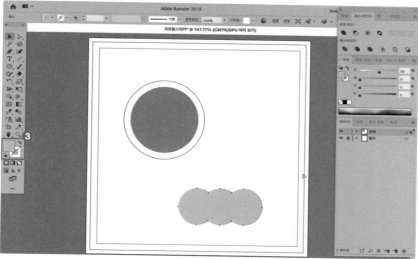

⑧ 구름 모양의 도형을 클릭하고 [오브젝트] 메뉴-[패스]-[패스 이동]을 선택합니다. 옵션 창에서
이동 값을 2~3mm 정도로 입력한 후 [확인]을 누릅니다.

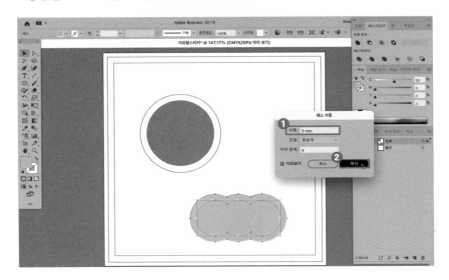

⑨ 크게 만들어진 도형은 칠 색상 [없음], 선 색상은 [M100]으로 바꿔줍니다.

Tip 이때 칼선과 칼선이 서로 너무 가깝지 않게 배치합니다. 업체의 공지사항을 먼저 살펴본 뒤 시작해야 합니
다. 또한, 칼선이 테두리의 재단선도 넘지 않게 안전선 안쪽으로 위치시키는 것을 추천합니다.

# 테두리 여백을 포함하지 않는 무테 스티커 제작하기

이제 앞서 만들었던 유테 스티커와 반대로 흰 여백을 두지 않는 무테 스티커에 대해서 알아보겠습니다. 앞 단계는 유테 스티커와 같습니다. 전체 스티커의 크기는 100×100mm(재단 사이즈 기준)로 지정하고, 그 안쪽으로 유테스티커에서 작업했던 것과 같이 두 가지 도형을 넣어보겠습니다.

**1** 일러스트레이터에서 104×104mm 크기의 대지를 생성합니다. 색상 모드는 [CMYK 색상], 래스터 효과는 [고(300ppi)]를 선택하고 [제작] 버튼을 클릭합니다.

**2** 가장 먼저 100×100mm의 재단선과 사방 3mm 안쪽으로 94×94mm의 안전선을 설정합니다. 이때 재단선은 [M100], 안전선은 [C100]으로 설정하여 선 색상을 구분하고, 레이어 이름도 구분하기 쉽게 [재단선], [안전선]으로 설정하겠습니다.

**3** 재단선과 안전선은 모두 선택( cmd + A )한 뒤, 정렬 패널에서 [가로 가운데 정렬], [세로 가운데 정렬]을 진행하여 대지의 한가운데를 기준으로 배치합니다. 해당 선들은 레이어 옆의 잠금 아이콘을 클릭하여 움직이지 않도록 설정합니다.

**4** 재단선 안쪽에 들어갈 무테 스티커를 만들어보도록 하겠습니다. 유테 스티커에서 했던 것과 같이 [원형 도구]( L )를 이용하여 색을 채운 원을 만들어줍니다.

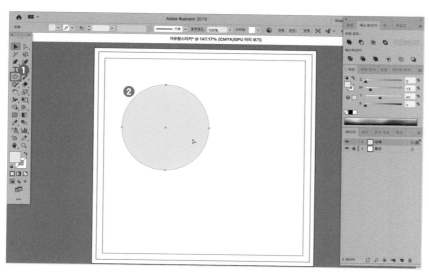

5  원을 클릭하고, [오브젝트] 메뉴-[패스]-[패스 이동]을 선택합니다. 입력 창에서 2~3mm 정도로 수치를 입력하고 [확인]을 눌러줍니다.

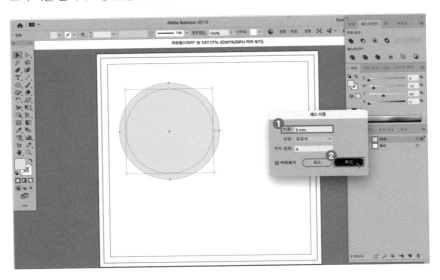

6  처음 그렸던 원보다 조금 더 큰 원이 그려졌습니다. 이번에는 이 원이 스티커가 되고, 처음에 그렸던 작은 원을 칼선으로 바꿔줄 것입니다. 작은 원을 클릭하고, 칠 색상은 [없음], 선 색상은 [M100]으로 변경해줍니다. 이렇게 조금 더 바깥쪽으로 색을 채워주는 이유는 재단의 오차가 조금 생기더라도 의도했던 모양과 색상으로 나오게 하기 위함입니다. 만약 바깥으로 색을 채워주지 않는다면, 재단선이 움직였을 때 배경의 흰 부분이 나와 의도한 색상과 다르게 됩니다.

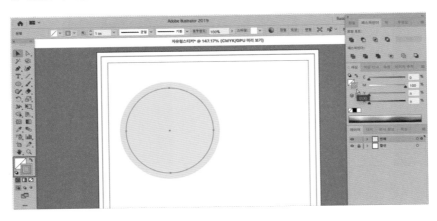

**7**  이번에는 조금 떨어진 곳에 유테 스티커 실습과 같이 원을 세 개를 만들어서 나란히 겹치게 배치하고 합쳐서 구름 모양을 만듭니다.

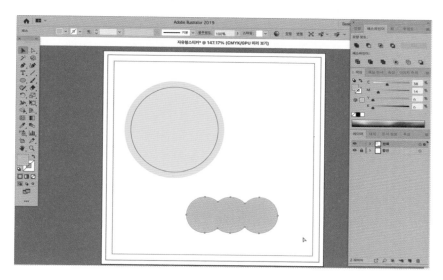

**8**  구름 모양의 도형을 클릭하고 [오브젝트] 메뉴-[패스]-[패스 이동]을 선택합니다. 옵션 창에서 2~3mm 정도로 수치를 입력한 후 [확인]을 누릅니다.

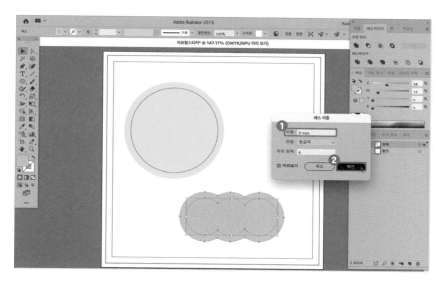

**9** 바깥으로 커진 부분이 스티커가 됩니다. 안쪽에 그렸던 도형을 선택하고 칠 색상은 **[없음]**, 선 색상은 **[M100]**으로 지정하여 칼선으로 만들어줍니다. 이때에도 칼선과 칼선이 너무 가깝지 않도록 주의합니다.

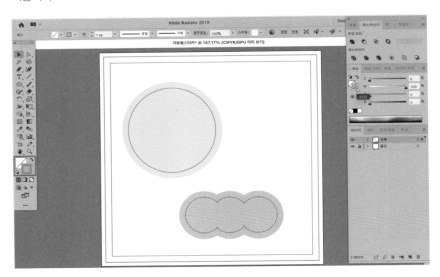

# 아크릴 키링

아크릴 키링 혹은 아크릴 등신대와 같은 다양한 그림, 사진 등을 인쇄하여 만들 수 있는 아크릴 제품에 대해서 알아보겠습니다. 아크릴 제품은 스티커와 마찬가지로 자유형 재단이 가능합니다. 키링의 경우에는 키를 연결할 수 있는 연결 구멍의 규격도 중요하기 때문에, 해당 업체의 관련 공지사항을 잘 살펴보아야 합니다. 더불어 [화이트 레이어]를 만드는 법도 알아보겠습니다. 아크릴과 같은 투명한 재질에 바로 인쇄하면 선명하지 않기 때문에 인쇄 영역에 흰색을 먼저 인쇄한 후, 그 위에 컬러 인쇄를 해야 더 선명하게 색이 나타납니다. 이 흰색 레이어를 바로 '화이트 레이어'라고 합니다. 또한, 아크릴 제품은 앞뒤 인쇄 시 방향을 바꾸어줘야 하는 경우가 있습니다. 이번에는 아크릴 키링을 제작하면서 화이트 레이어를 깔끔하게 만드는 팁과 함께 아크릴의 앞뒤 인쇄 설정법을 배워봅니다. 이번 실습은 제공하는 파일과 함께 실제 사진을 이용합니다. 실습 전, 고화질의 얼굴 정면 사진을 준비해주세요. 나, 친구, 가족, 반려동물 등 전부 좋습니다.

## 아크릴 키링 제작 전 사전 실습

사진에서 원하는 이미지만 도려내는 것, 배경을 제거하는 것을 이미지 따기 혹은 누끼 따기라고도 합니다. 이미지를 도려내는 작업은 www.remove.bg, pixlr.com/kr/remove-background, Background Eraser, Bazaart, TouchRetouch와 같은 사이트나 앱을 이용해도 됩니다. 또는 일러스트레이터를 사용할 수도 있습니다. 이미지 도려내기는 활용할 수 있는 곳이 다양하므로, 다양한 이미지로 많이 연습해보기 바랍니다. 다만, 이번 장에서는 일러스트레이터를 이용해 간단히 이미지 도려내는 작업을 진행해보겠습니다. 본 실습에서 세밀하게 도려내는 과정은 크게 중요하지 않으므로, 걱정 없이 편히 따라 할 수 있습니다.

**1** 일러스트레이터에서 **[파일]** 메뉴-**[가져오기]** 혹은 **[열기]**를 선택하고 작업할 원본 사진인 예제 파일 <귤.jpg>를 불러옵니다.

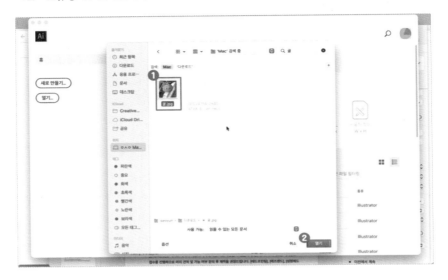

**2** 사진을 선택하면 제어 패널에 **[이미지 포함]**이라는 버튼이 나타납니다. 이 버튼을 눌러주어야 문서 내에 이미지 파일이 저장됩니다. 이미 포함된 상태라면 별도 설정하지 않아도 됩니다.

**3** [펜 도구]( P )를 선택하여 원하는 영역을 펜으로 연속하여 선을 그어줍니다. 첫 번째 만든 점과 마지막에 찍은 점을 연결하여 도형으로 만듭니다.

**4** 사진과 도형을 함께 드래그하여 선택합니다. 마우스 우클릭하고 [클리핑 마스크 만들기]를 선택하면 이미지에서 [펜 도구]로 그린 부분만 잘려 나옵니다. 이미지를 PNG 파일로 저장합니다.

## 아크릴 키링 제작하기

**1** [레드프린팅](www.redprinting.co.kr/ko)의 검색창에서 '아크릴 키링'을 검색합니다. 아크릴 키링 페이지에서 템플릿을 클릭하여 다운로드 받습니다.

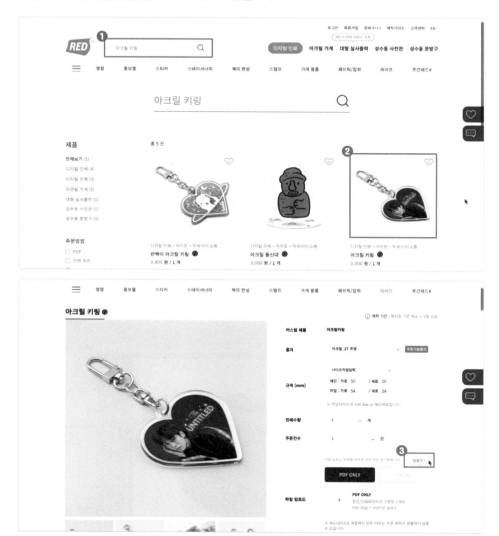

**2** 다운로드한 템플릿 파일을 열어줍니다.

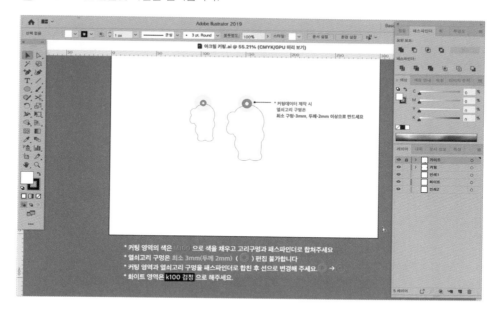

**3** 아크릴 키링에 넣을 일러스트 파일 <아크릴키링.ai>를 열어줍니다. 곰돌이를 선택하고 복사
( cmd + C )합니다.

**4** 아크릴 키링 템플릿 창으로 돌아와 레이어 패널에서 **[인쇄1]** 레이어를 선택하고 붙여넣기( cmd
+ V )를 합니다.

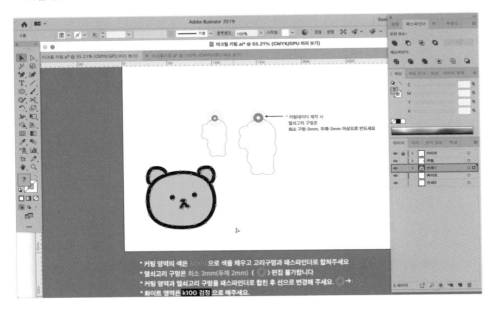

**5** **[가이드]** 레이어의 눈을 끈 후 **[키링]** 레이어에서 두 가지 고리 모양 중 제작할 아크릴 키링의 크
기에 맞는 것만 남기고 지워줍니다.

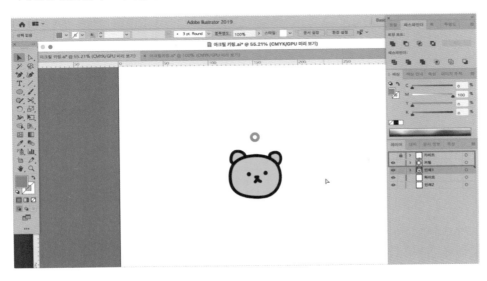

**6** 일러스트를 선명하게 인쇄하기 위해 화이트 레이어를 만들겠습니다. 곰돌이를 전체 복사한 후 **[인쇄1]** 레이어 밑의 **[화이트]** 레이어를 선택한 상태에서 제자리에 붙여넣기( cmd + F ) 합니다.

**7** [화이트] 레이어 안의 곰돌이가 선택된 상태로 패스파인더 패널의 [나누기]를 먼저 누르고 [합치기]를 눌러서 일러스트를 곰돌이 모양을 하나의 면으로 만들어줍니다.

**8** [인쇄1] 레이어의 눈을 끄면 화이트 레이어가 잘 생성되었는지 확인할 수 있습니다. 이때 화이트 레이어의 면 색상은 [K100]으로 설정합니다.

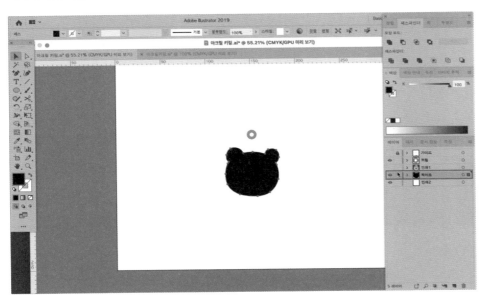

**9** 인쇄가 어긋나도 화이트 레이어가 삐져 나오지 않게끔 화이트 레이어를 조금 줄여주는 작업을 합니다. [오브젝트] 메뉴-[패스]-[패스 이동]을 선택하고 이동 값은 -0.1~-0.3mm 정도로 설정합니다.

**10** 안쪽으로 패스가 이동되었습니다. 이제 가장자리에 보이는 외곽선 검은 면을 선택하고 Delete 로 삭제합니다. 그럼 면적이 줄어든 곰돌이 화이트 레이어가 보입니다.

화이트 레이어를 사용하는 파일의 경우, 화이트 인쇄를 먼저 한 후에 그 위에 컬러 인쇄를 합니다. 이 과정에서 약
간의 오차가 생겨 화이트 인쇄 면이 보일 수도 있습니다. 이를 방지하기 위하여 화이트 레이어를 컬러 인쇄 레이
어보다 조금 더 줄여주면 더 깔끔한 결과물을 얻을 수 있습니다. 다만, 오차가 큰 정도는 아니기에 여러분들의 취
향과 디자인 의도에 따라 이 과정은 생략해도 괜찮습니다.

**11** 뒷면 인쇄를 하기 위해서는 **[화이트]** 레이어 밑에 **[인쇄2]** 레이어를 선택한 후 일러스트를 넣어
줘야 합니다. **[화이트]** 레이어와 **[인쇄1]** 레이어의 눈을 잠시 끈 뒤 **[인쇄2]** 레이어를 선택합니다. **[인쇄1]** 레이어에서 복사한 곰돌이를 제자리에 붙여넣기( cmd + F )합니다. 똑같은 일러스트를 가져와
도 되고, 안쪽의 표정이나 색상이 다른 일러스트를 가져와도 됩니다. 다만 외곽선의 모양은 동일해야
합니다.

**12** 이제 재단선을 만들 차례입니다. 오차 범위를 생각하여 2~3mm 정도로 진행하면 됩니다. 이번에는 여유롭게 3mm 정도로 여백을 설정해보겠습니다. 곰돌이의 얼굴을 선택한 뒤 **[오브젝트]** 메뉴-**[패스]**-**[패스 이동]**을 누르고, 이동 값을 **[3mm]**로 입력합니다.

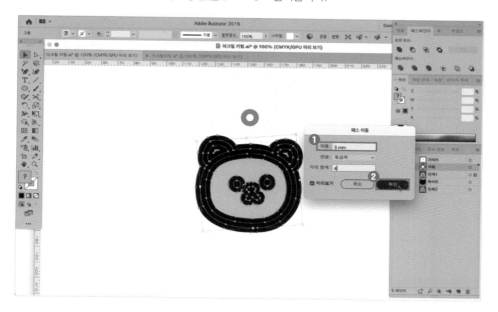

**13** 패스 이동이 진행된 상태로 패스파인더 패널에서 **[나누기]**, **[합치기]**를 눌러서 하나의 면으로 만들어 줍니다.

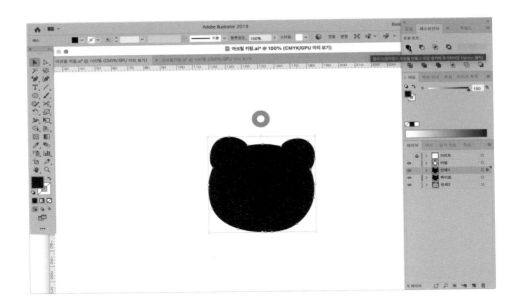

**14** 색상 패널에서 칠과 선을 교체하고, 선 색상을 [M100]으로 설정합니다.

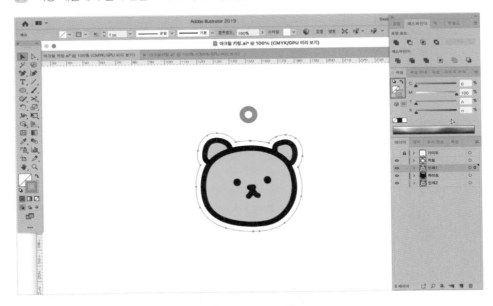

Tip 이때 색상 패널에서 K 값만 나타나는 경우, 색상 패널 오른쪽 상단의 옵션 버튼을 클릭하고 [CMYK]를
선택합니다.

**15** 재단선의 위치를 [커팅] 레이어 안으로 옮겨줍니다. 레이어 패널에서 오브젝트를 드래그해서 옮겨주거나 직접 재단선을 잘라내기( cmd + X ) 하고 [커팅] 레이어를 선택한 상태에서 제자리에 붙여넣기( cmd + F ) 해도 됩니다.

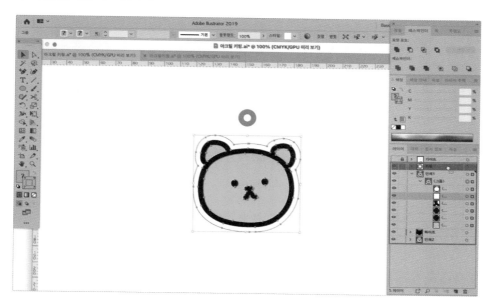

**16** 이제 키링에서 고리를 달고자 하는 위치를 잡아줍니다. 이때 곰돌이 모양의 커팅 선과 고리가 겹치도록 놓아줍니다. 미리 만들어놓았던 일러스트의 재단선과 합쳐주어야 하기 때문에, 칼선이 연결되는 부분이 너무 좁거나 너무 멀지 않도록 다음과 같이 배치합니다.

**17** 곰돌이 모양의 재단선을 선택하고 **[칠과 선 교체]**를 누른 후 면 색상을 **[M100]**으로 채워줍니다.

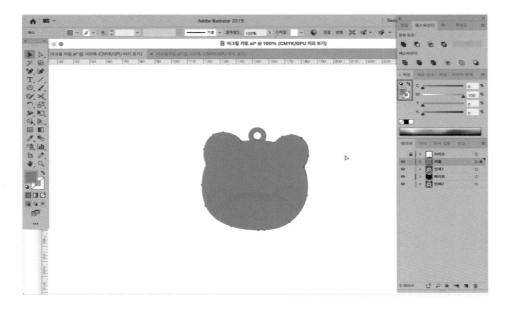

**18** **[M100]**의 면과 고리를 `shift` 를 누르며 함께 선택합니다. 패스파인더 패널에서 **[합치기]**를 눌러서 하나의 면으로 만들어 줍니다.

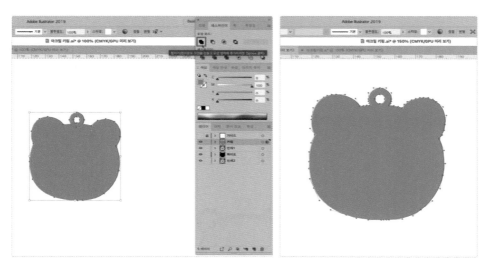

**19** 하나의 면이 된 [M100]의 일러스트를 [칠과 선 교체]를 하여 재단선이 되도록 합니다.

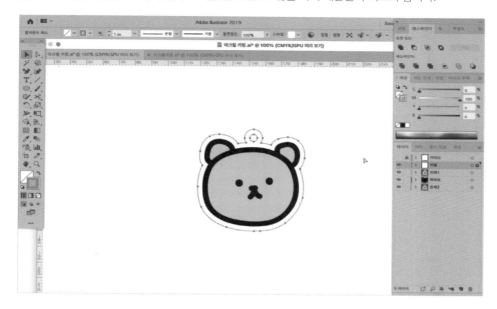

**20** 재단선에서 많이 각진 부분이 있다면 해당 부분을 [직접 선택 도구]( A )로 선택한 후 패스를 둥글게 조정합니다.

**21** 마지막으로 아트보드 크기를 줄여줍니다. 도구 상자의 **[대지 도구]** 아이콘을 클릭하면 현재 창의 아트보드가 선택되어 꼭짓점 부분을 선택하여 크기를 줄일 수 있습니다. 아트보드 크기는 가장 바깥 쪽의 재단선에서 2mm씩 크게 만들어주어야 합니다.

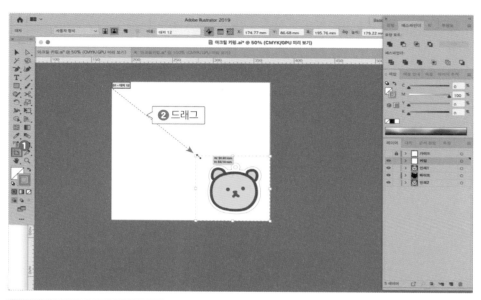

**22** [사각형 도구]( M )를 이용하여 최종 크기를 알아봅니다. 제일 바깥쪽의 재단선을 기준으로 사각형을 만듭니다. 이 때 실제로 사각형을 만들 필요는 없으므로, 사각형 도구를 선택 후 드래그한 후 마우스를 떼지 않고 오른쪽에 뜨는 가로세로 길이를 확인합니다. 약간의 오차가 있지만 소수점 단위는 입력되지 않으며, 숫자가 66×66mm에 가까우므로 해당 수치가 접수할 재단선 사이즈가 됩니다.

**23** 아트보드가 선택된 상태에서 더블클릭을 하면 최종 아트보드의 너비와 높이를 확인할 수 있습니다. 접수 시 이 수치는 작업 사이즈와 같습니다.

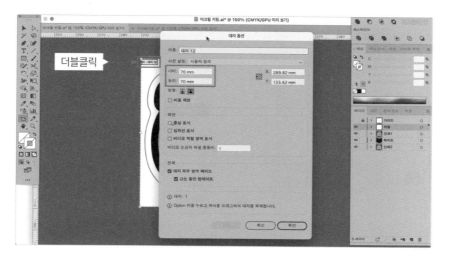

**24** [다른 이름으로 저장]( shift + cmd + S )한 후 확장자를 [Adobe PDF (pdf)]로 설정하고 [저장] 버튼을 누릅니다. PDF 설정 창에서 사전 설정은 [출판 품질]을 선택하고, 호환성은 [Acrobat 6 (PDF 1.5)] 이상 버전을 선택합니다. [상위 레벨에서부터 Acrobat 레이어 만들기]는 체크한 다음 [PDF 저장] 버튼을 눌러 파일을 생성합니다.

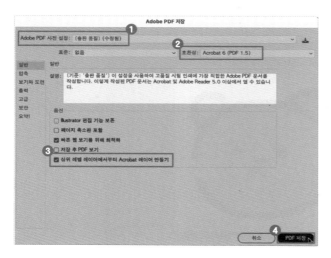

**25** 접수 페이지에서 사이즈를 선택한 후 수량, 고리줄 옵션을 선택합니다. 화이트 레이어도 함께 인쇄할 것이므로, [화이트 인쇄] 옵션을 클릭한 후 PDF 파일을 업로드합니다.

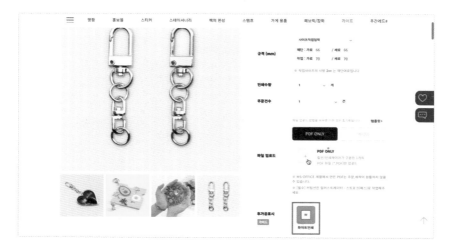

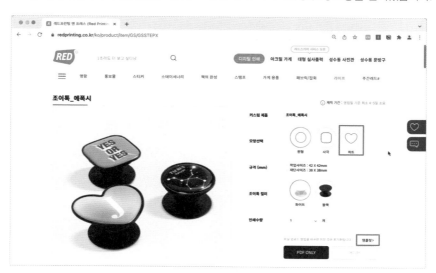

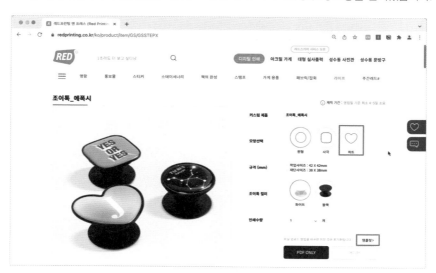

# Lesson 07  핸드폰 액세서리

직접 찍은 사진을 이용해서도 굿즈를 만들 수 있습니다. 이번에는 실제로 찍은 사진을 이용하여 만들 수 있는 핸드폰 케이스를 만들어보겠습니다. 이때 사진은 화질이 좋을수록 당연히 좋습니다. 다만 스마트톡과 같이 작은 사이즈의 경우 핸드폰으로 찍은 사진도 충분합니다. 인쇄 시에는 모바일이나 PC로 보는 것보다 조금 어둡게 나오므로, 핸드폰 기본 편집 앱 등으로 살짝 밝기와 선명도를 조금 더 높이는 것이 좋습니다. 하지만 보정 앱으로 과도한 보정을 하게 되면 사진의 화질이 현저히 낮아지는 경우가 있기 때문에 주의해야 합니다.

## 스마트톡 제작하기

**1** [레드프린팅](www.redprinting.co.kr/ko) 사이트의 [라이프]–[디지털/핸드폰]–[조이톡_에폭시]로 들어갑니다. 모양을 선택하면 규격이 표시됩니다. 모양 선택을 한 후 파일 업로드 옆에 있는 [템플릿] 버튼을 클릭하여 템플릿을 다운로드 받습니다. 여기서는 [하트] 모양을 선택했습니다.

2 다운로드 받은 템플릿을 연 뒤 작업 주의사항을 살펴보겠습니다. 인쇄 데이터는 맨 아래 **[인쇄]**
레이어에 넣으라는 말은 **[레이어]** 패널에서 가장 아래 **[인쇄]** 레이어를 선택한 뒤 인쇄를 할 영역을
하위 레이어로 위치시켜주라는 말입니다. 주문 파일 업로드 시에는 PDF 파일만 업로드 가능하다고
되어있으므로, 저장 시 PDF 업로드를 진행합니다. 가운데 있는 작업 영역에는 이미 재단선과 작업선
이 들어가 있으므로 따로 작업선을 제작하지 않아도 됩니다.

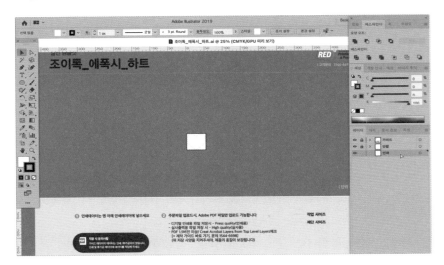

3 스마트톡으로 제작할 사진을 가져오겠습니다. 이때 작업은 **[인쇄]** 레이어를 선택한 상태로 진행
해야 합니다. 메뉴에서 **[파일]– [가져오기]**를 눌러준 후 스마트톡 안에 넣어줄 사진인 예제 파일
<ddangkong.jpg>를 선택한 후 열어줍니다.

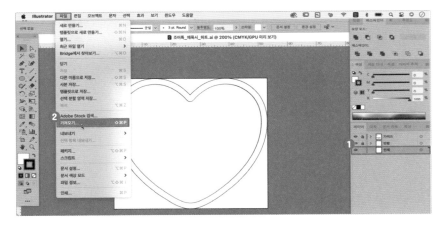

**4** 템플릿 안으로 사진이 불러와졌습니다. 이때 사진 위에 엑스 표시가 되어있으며, 제어 패널에 여러 버튼이 나타나는 것을 볼 수 있습니다. 사진을 선택한 상태로 제어 패널에 **[포함]**을 선택합니다. 만약 안내 창이 뜨는 경우 **[확인]**을 누릅니다. 그러면 사진에 엑스 표시가 사라집니다. 사진 정보가 템플릿 안으로 완전히 위치된 것입니다.

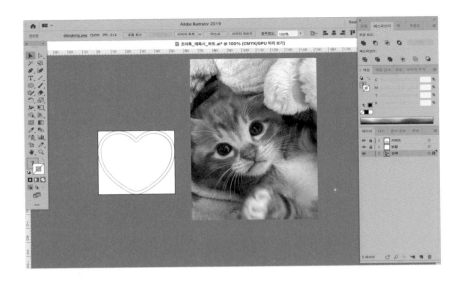

**5** 이제 사진을 템플릿 안으로 넣어줍니다. 사진의 크기가 스마트톡의 실제 크기보다 크므로, option + shift 를 함께 누른 상태에서 꼭짓점 부분을 선택하여 전체 크기를 줄여줍니다. 이때 사진을 재단선에 딱 맞추면 안 되고, 작업 사이즈의 영역에 맞게 채워주어야 인쇄 후 잘림이 없습니다.

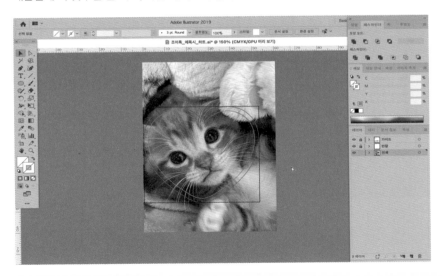

Tip♪ 만약 글자를 넣을 경우 [문자] 메뉴-[윤곽선 만들기]를 통하여 글자의 외곽선을 만들어주어야 합니다.

**6** [다른 이름으로 저장]( shift + cmd + S )한 후 확장자를 [Adobe PDF (pdf)]로 설정하고 [저장] 버튼을 누릅니다. PDF 설정 창에서 사전 설정은 [출판 품질]을 선택하고, 호환성은 [Acrobat 6 (PDF 1.5)] 이상 버전을 선택합니다. [상위 레벨에서부터 Acrobat 레이어 만들기]는 체크한 다음 [PDF 저장] 버튼을 눌러 파일을 생성합니다.

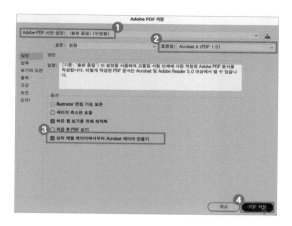

**7** 제작 페이지로 들어간 후 PDF 파일을 첨부하여 주문하기를 진행합니다.

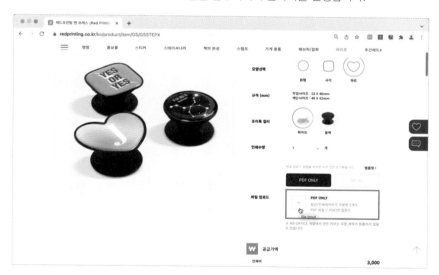

## Lesson 08 — 마스킹테이프

마스킹테이프는 반복되는 구간이 있습니다. 10m 길이의 테이프를 제작한다고 하더라도 전체 길이를 모두 디자인하는 것이 아니라 업체에서 정해준 반복되는 길이만 디자인하여 파일을 제작하면 됩니다. 크게 어려운 부분은 없으나, 재단되는 부분과 반복되는 부분을 고려하여 접수를 진행합니다. 접수 시, 포장의 방법은 수축 비닐을 통하여 개별 포장하는 방법과 OPP 필름을 이용하여 열수축 없이 포장하는 방법이 있으며, 옵션을 추가하여 상단과 하단에 원형 스티커로 라벨 스티커를 제작할 수도 있습니다. 마스킹테이프의 경우에는 제작 기간이 다른 제품들보다는 조금 더 긴 편이니 이 부분 또한 확인하여 접수를 진행하도록 합니다.

**1** [애즈랜드](www.adsland.com)에서 [굿즈]-[팬시마스킹테이프] 제작 페이지로 들어가서 규격을 살펴봅니다. 재단 사이즈는 최종적으로 받아보게 되는 테이프의 사이즈이고, 편집 사이즈인 300×12mm가 작업할 크기, 즉 반복되는 구간입니다.

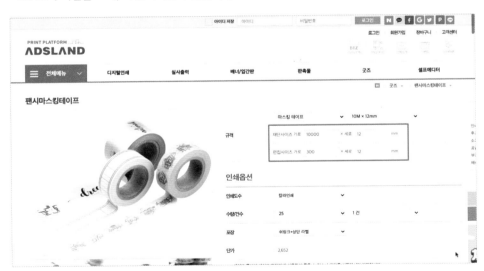

2 마스킹테이프의 경우 상하로 여백을 1.5mm씩 주어야 하므로, 폭은 300mm, 높이는 12+1.5+1.5 인 15mm로 아트보드 사이즈를 설정합니다. 색상 모드는 [CMYK 색상], 래스터 효과는 [고 (300ppi)]로 설정한 후, 작업 아트보드를 열어줍니다.

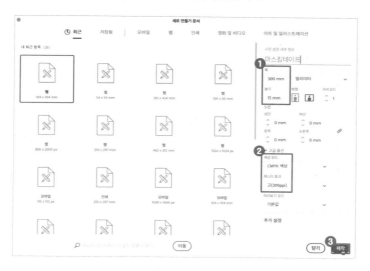

3 cmd + R 을 누르면 눈금자가 표시됩니다. 눈금자 위에서 오른쪽 마우스를 클릭하여 단위를 [밀 리미터]로 설정합니다.

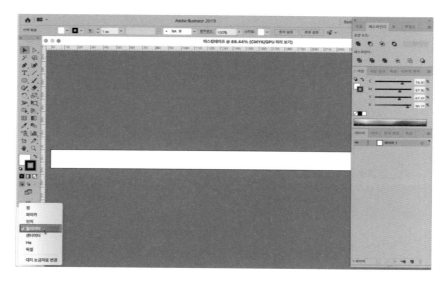

4 화면을 확대해서 눈금선을 더 크게 만듭니다. 눈금자 위에서 아래로 드래그하면 안내선이 마우스 커서를 따라 생겨납니다. 안내선을 선택하고 속성 패널에서 Y 값을 [1.5mm]로 지정합니다. 같은 방법으로 안내선을 추가하고 Y 값을 [13.5mm]로 지정합니다.

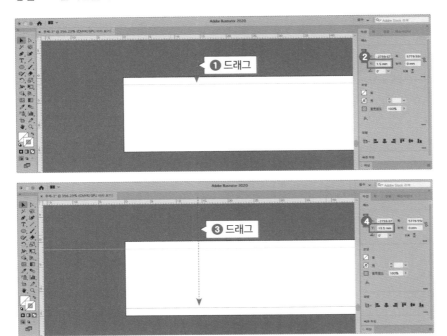

5 위아래로 1.5mm가 되는 지점에 안내선을 표시되면 [보기] 메뉴-[안내선]-[안내선 잠그기]
( cmd + option + ; )를 선택하여 안내선이 움직이지 않게 잠급니다.

Tip 안내선 잠그기는 cmd + option + ; , 안내선 숨기기는 cmd + ; , 안내선 만들기는 cmd + 5 를 누릅니다.

**6** [파일] 메뉴-[열기]를 선택하고 벡터화 이미지 및 CMYK 색상 설정을 완료한 그림인 예제 파일 <마스킹테이프실습.ai>를 열어줍니다. 모두 선택( cmd + A )를 하고 전체 그림을 복사합니다.

**7** 마스킹테이프 파일로 돌아와서 붙여넣기( cmd + V ) 해줍니다. 그런 다음 일러스트를 배치합니다. 이때 안내선 안쪽으로 잘 배치합니다.

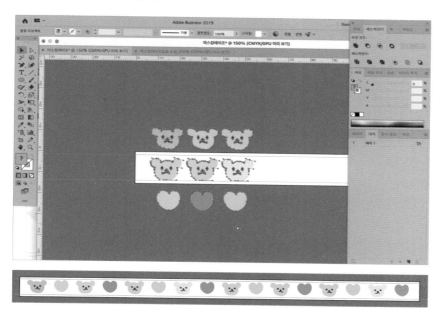

**8** 완성 후 [보기] 메뉴-[안내선]-[안내선 지우기]를 선택합니다. 안내선은 실제로 인쇄되지는 않으므로 지우지 않아도 무관합니다.

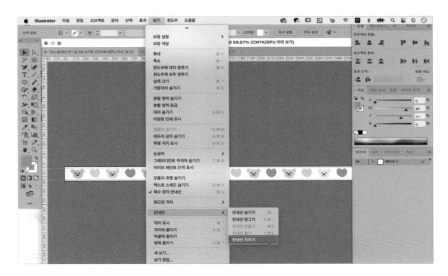

**9** [다른 이름으로 저장]( shift + cmd + S )한 후 버전은 [Illustrator CS6] 버전을 선택하고 [저장]을 누릅니다. PDF로 저장 시, 확장자를 [Adobe PDF (pdf)]로 설정하고 [저장] 버튼을 누릅니다. PDF 설정 창에서 사전 설정은 [출판 품질]을 선택하고, 호환성은 [Acrobat 5 (PDF 1.4)] 이상 버전을 선택한 다음 [PDF 저장] 버튼을 눌러 파일을 생성합니다.

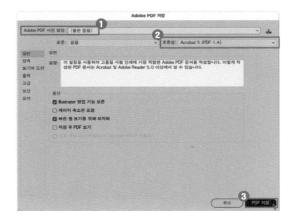

**10** 인쇄 옵션에서 다음과 같이 설정합니다. 쉬링크와 수축 포장 방법과 상, 하단 라벨 부착 여부를 선택합니다. 라벨을 만들 경우에는, 원형 스티커와 같은 방법으로 제작을 진행합니다. 라벨의 경우 38mm의 원형 도무송 스티커로 제작되며, 편집 사이즈는 가로세로 41mm의 작업 사이즈 안에서 진행합니다. 안전 사이즈는 34mm의 원형으로 제작하여 진행합니다. 라벨까지 함께 접수할 경우, 아트보드를 추가하여 진행해도 되고 따로 파일을 만든 뒤 두 개의 파일을 압축 파일로 저장 후 업로드해도 무관합니다.

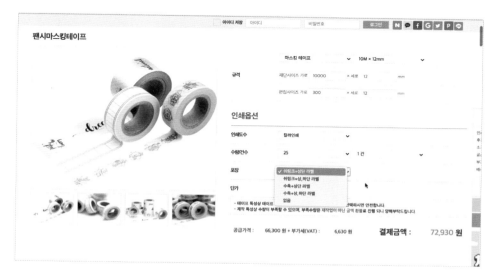

## Lesson 09 · 천(패브릭) 제품

천으로 만들 수 있는 제품은 에코백, 파우치, 패브릭 포스터 등 다양한 제품이 있습니다. 정해진 영역에 일러스트를 인쇄하는 것이므로, 제작하려는 제품의 크기와 인쇄가 가능한 영역의 크기 등을 잘 살펴보도록 합니다. 다양한 아이템이 있지만, 인쇄 작업은 크게 어려운 점이 없으므로 다양한 제품과 사이트에서 제작 가능한 제품을 살펴보겠습니다.

### 광목 파우치 제작하기

**1** [레드프린팅](www.redprinting.co.kr/ko)에서 [패브릭/잡화] 탭에 들어갑니다. 에코백, 쿠션, 파우치, 패브릭 포스터 등 다양한 천 제품이 있습니다. 해당 패브릭 제품들의 제작법은 거의 동일하므로, 이번 시간에는 가장 무난하게 사용할 수 있는 [광목 파우치]를 함께 제작하도록 하겠습니다.

**2** 우선 **[광목 파우치-부분 커스텀]**을 들어가서 인쇄 가능한 영역을 알아봅니다. 소, 중, 대의 제품을 클릭하면 제품 사이즈와 작업 사이즈가 각각 나타납니다. 이번 시간에는 **[중]**으로 작업해보겠습니다. 제품 사이즈는 125×125mm이며, 작업 사이즈는 108×103mm입니다. 해당 제품의 경우, 인쇄 위치나 모양새가 동일하기에 실제 인쇄되는 위치에 맞게 템플릿을 제공하므로 해당 파일을 다운로드 받아서 열어줍니다.

**3** 파일을 열어 가이드 내용을 살펴본 후 작업을 시작합니다. 인쇄는 **[인쇄]** 레이어 안에 넣으라고 되어 있으므로, 꼭 **[인쇄]** 레이어를 선택한 상태로 작업을 진행하는 것에 유의합니다.

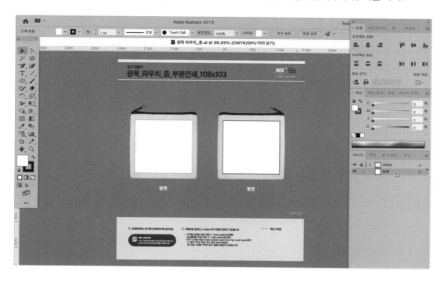

4 [파일] 메뉴-[가져오기]를 통하여 미리 그려 둔 벡터 이미지 <파우치실습.ai>를 불러옵니다.

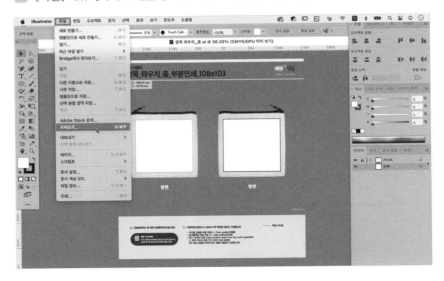

5 벡터 이미지를 크기에 맞게 넣어줍니다. 너무 크거나 작은 경우, 이미지를 선택한 후 shift 를 누르며 전체 크기를 줄여줍니다.

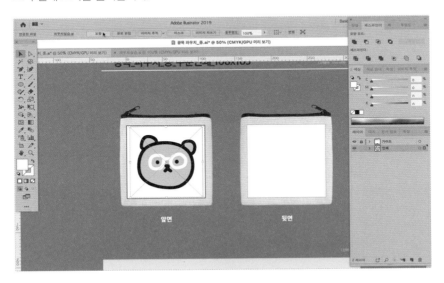

**6** 앞면에 들어간 곰돌이 그림을 복사( cmd + C )하여 뒷면( cmd + V )에 붙여 넣습니다.

Tip option + shift 를 함께 누르면서 마우스로 앞면의 곰돌이를 드래그하면 옆으로 복사할 수 있습니다.

**7** 안경과 눈, 코, 입을 [직접 선택 도구]( A )로 모두 선택한 뒤 delete 로 삭제하여 곰돌이의 뒷모습을 만듭니다. 혹은 마우스 우클릭하고 [그룹 풀기] 및 [클리핑 마스크 풀기]를 하면 한 개체씩 선택할 수 있습니다. 만약 계속 선택이 되지 않는 경우, 한 번 더 마우스 우클릭하여 [클리핑 마스크 풀기]를 진행합니다.

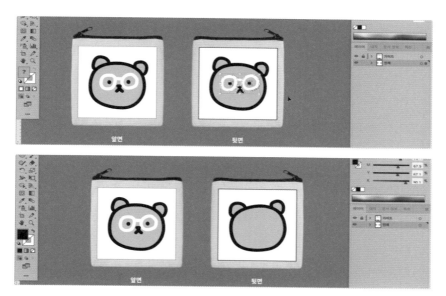

**8** [다른 이름으로 저장]( shift + cmd + S )한 후 확장자를 [Adobe PDF (pdf)]로 설정하고 [저 장] 버튼을 누릅니다.

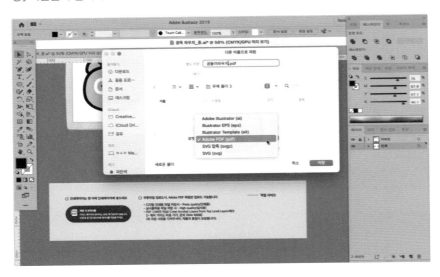

**9** PDF 설정 창에서 사전 설정은 [출판 품질]을 선택하고, 호환성은 [Acrobat 6 (PDF 1.5)] 이상 버전을 선택한 다음 [상위 레벨 레이어에서부터 Acrobat 레이어 만들기]을 체크하고 [PDF 저장] 버튼을 눌러 파일을 생성합니다.

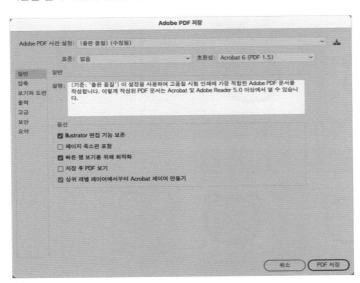

**10** 저장한 PDF 파일을 파우치 주문 페이지에서 업로드하여 접수합니다.

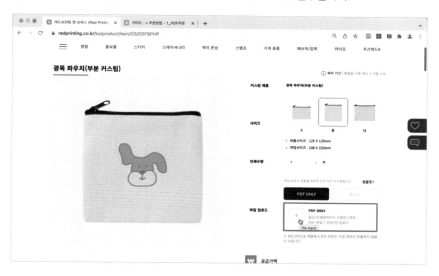

# 굿즈 판매 가이드

앞에서는 굿즈를 디자인하고 제작업체에 발주하는 과정을 살펴봤습니다.
완성품을 받았다면 이제 판매에 나설 차례입니다. 내 굿즈를 포장하고 촬영하는
방법, 온라인 및 오프라인 판매 경로에 대해 살펴볼게요.

이번에는 내가 만든 제품을 포장할 수 있는 부자재들과 구입처, 각 아이템별 포장 방법도 알아보겠습니다. 또한, 제품을 촬영하고 편집하는 다양한 방법과 도구에 대해서도 간단하게 알아보겠습니다.

## 포장재

· **OPP 봉투**: 포장용으로 가장 많이 사용되는 비닐 봉투입니다. 크기가 굉장히 다양하므로, 내가 만든 굿즈에 맞는 크기의 OPP 봉투를 사용하여 깔끔하게 포장할 수 있습니다. 스티커와 같이 얇은 굿즈를 포장할 때는 고려하지 않아도 되지만, 메모지와 같이 두께가 있는 굿즈를 포장할 때에는 조금 더 넉넉한 크기로 주문해야 합니다.

· **택배 봉투**: 택배 봉투는 크기, 색상, 두께 등이 다양합니다. 보통 에어캡이나 종이 완충재를 사용하여 굿즈를 먼저 포장한 후 택배 봉투에 넣어줍니다. 에어캡은 장 단위로 팔기도 하고, 대형 롤 단위로 팔기도 합니다.

· **안전 봉투**: 안전 봉투는 택배 봉투 내부가 에어캡으로 이루어진 포장재입니다. 에어캡으로 포장을 하는 과정이 줄어들기 때문에 편리합니다. 안전 봉투는 내부가 에어캡으로 이루어졌기 때문에 안쪽 공간이 좁아집니다. 이 점을 유의하며 제품보다 조금 더 큰 안전 봉투로 구매합니다.

## 사진 촬영

· **소품 활용하기**
사진 촬영 시 꽉 찬 느낌을 주기 위해 소품을 사용할 수 있습니다. 실제로 소품을 보는 것과 카메라 렌즈 뷰로 보는 것이 다르기 때문에 소품 구매 시 유의합니다. 소품을 활용하기가 어렵다면, 비슷한 색상과 톤의 소품으로 구매하여 촬영하여 통일감을 주는 것을 추천하며, 사진에서 소품이 주가 되지 않도록 주의합니다.

### ・빛을 활용하기

간단한 조명을 사용할 수도 있지만, 최대한 자연광을 활용하는 것이 좋습니다. 추후 사진을 보정할 때도 어두운 사진의 밝기를 높이는 것은 한계가 있기 때문에 가장 밝은 곳에서 그림자가 지지 않도록 촬영합니다.

### ・인물과 함께 촬영하기

사용할 수 있는 제품이라면 모델이 실제로 사용하는 장면을 넣어주면 집중도가 올라갑니다. 다만 인물이 주가 되지 않도록 주의합니다. 인물의 얼굴보다는 사용하는 옆 모습, 손 모습 등을 넣어주는 것이 좋습니다.

### ・공간 대여하기

주변에 사진 촬영할 곳이 마땅치 않다면 공간 대여하는 곳을 섭외합니다. 보통 시간 단위로 스튜디오를 빌릴 수 있으며, 스튜디오 내의 다양한 소품도 활용할 수 있기 때문에 다양한 느낌을 낼 수 있습니다. 공간을 대여하는 경우, 생각보다 시간이 많이 걸릴 수 있으므로 미리 촬영 구도, 계획 등을 꼼꼼하게 구상하여 가는 것이 좋습니다.

### ・애플리케이션 활용하기

만약 원하지 않는 색감이 나왔다 하더라도 핸드폰 기본 사진 앱 혹은 보정 앱을 통하여 밝기 및 대비 등 색감 보정을 적극 활용하도록 합니다. 다만 전체적인 색감을 조정하다가 제품의 색상이 달라져 소비자에게 혼란을 줄 수 있으므로 꼭 유의하여 진행합니다. 보통 사진의 밝기와 대비만 수정해도 충분합니다.

## Lesson 02 온라인에서 내 제품 판매하기

자체 홈페이지를 만들거나 네이버 스마트스토어를 이용하여 판매를 할 수 있고, 인스타그램이나 블로그와 같은 SNS에서 물건을 판매할 수도 있습니다. 물론 이 모든 것들을 시작하기 전에는 사업자 등록증과 통신판매업 신고 등 각종 서류 제출과 신고가 우선되어야 합니다. 온라인에서 판매를 하는 전반적인 과정에 대해서 간단하게 살펴보겠습니다.

### 사업자 등록하기

가장 먼저 필요한 것은 사업자등록입니다. 사업 개시 전 또는 사업을 시작한 날로부터 20일 이내에 구비 서류를 갖추어 관할 세무서 또는 가까운 세무서 민원봉사실에 신청해야 합니다. 사업자등록을 진행하는 방법에는 국세청 홈택스 페이지에서 신청하는 방법과 직접 관할 세무서를 방문하여 신청하는 방법이 있습니다. 크게 어려운 부분은 없기 때문에 온라인으로 진행하기를 추천드립니다.

### 1. 국세청 홈택스 페이지를 통한 신청(온라인)

– 신청 전, 홈택스 회원가입과 본인 명의의 공인인증서를 꼭 준비해야 합니다.

– 필요 서류: 등록신청서, 대표자신분증, 자금 출처 명세서, 임대차계약서(사업장을 임차한 경우), 동업계약서(동업자가 있는 경우)

– 홈택스 페이지(www.hometax.go.kr)에 로그인하고 [신청/제출] 탭에서 [사업자등록 신청(개인)] 탭에 접속합니다. 요구정보를 기재한 후 사업자유형을 간이과세자와 일반과세자 중에서 하나로 선택합니다.

### 2. 관할 세무서 혹은 가까운 세무서를 방문하여 신청(오프라인)

– 꼭 미리 필요 서류를 구비하여 방문하지 않으면, 다시 집으로 되돌아갈 수도 있으니 꼭 필요 서류를 체크하시기 바랍니다.

– 필요 서류: 등록신청서, 대표자신분증, 자금 출처 명세서, 임대차계약서(사업장을 임차한 경우), 동업계약서(동업자가 있는 경우)

사업자 등록 시 개인사업자는 공급대가에 따라 간이과세자와 일반과세자로 구분되므로 자기에게 맞는 올바른 과세유형을 선택해야 합니다. 간이과세자는 연간 공급대가 예상액이 8,000만 원 미만인 개인사업자를 말하며, 납부해야 할 부가세가 면제되므로 처음 시작할 때에는 간이과세자로 시작하는 것이 좋습니다.

## 네이버 스마트스토어 시작하기

**1** 네이버 스마트스토어 사이트(sell.smartstore.naver.com)에 접속합니다. [판매자 가입하기]를 클릭합니다.

**2** 판매자 유형으로 [개인]을 선택합니다. 아직 통신판매업 신고 전 상태이기 때문입니다. [다음]을 클릭합니다.

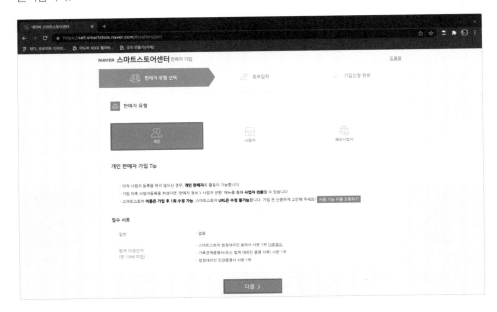

**3** 휴대전화로 실명 인증 후 네이버 아이디나 이메일로 가입합니다.

**4** 네이버 쇼핑과 네이버 톡톡에 각각 연동한 후 약관에 동의합니다.

**5** 판매자 정보와 스마트스토어 정보(이름, URL, 소개글, 전화번호)를 각각 입력합니다.

6 판매 상품정보, 배송 정산정보 입력, 담당자정보를 각각 입력합니다.

## 구매안전서비스 이용확인증

에스크로 이체 확인증이라고 불리며, 통신판매업 신고에 필요한 서류입니다. 판매자와 구매자의 사이의 제3자의 중개를 통해 물품을 안전하게 거래할 수 있게 하는 서비스입니다. 결제한 금액을 보관하다가 물품이 정상적으로 배송되면, 판매자는 결제 금액을 전달받을 수 있습니다.

네이버 스마트스토어를 이용할 경우, 은행을 방문하지 않고 발급받을 수 있습니다. 네이버 스마트스토어에 접속 후, 왼쪽 메뉴에서 [판매자 정보]를 클릭합니다. 페이지 상단 우측에 있는 [구매안전서비스 이용 확인증]을 클릭하고, 다운로드 버튼을 클릭하여 PDF로 저장합니다.

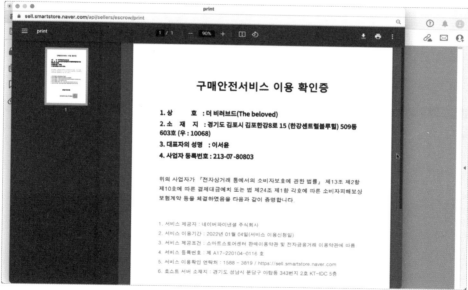

네이버 스마트스토어 외에도 쿠팡, G마켓, 위메프와 같은 오픈마켓 또한 구매안전서비스 이용확인증을 발급받을 수 있습니다. 에스크로 서비스는 은행에 신청하여 이용할 수 있습니다. 현재는 국민은행, 농협, 기업은행, 우체국에서만 발급 가능합니다. 은행에서 에스크로 이체 확인증을 받기 위해서는 해당 은행에 기업용 계좌와 공인인증서가 필요합니다.

## 사업자 계좌 개설하기

신분증, 사업자등록증을 준비하여 가까운 은행으로 방문하여 사업자통장을 개설합니다. 개인 계좌로 사용하여도 되지만, 거래처로부터 입금을 받거나 자금 관리를 하기에 조금 더 편리합니다. OTP 카드를 발급받고, 사업자 공인인증서를 발급받습니다. 이때 에스크로 이체 확인증도 함께 신청할 수 있습니다.

## 통신판매업 신고하기

통신판매업 신고는 전자상거래 및 통신판매를 통해 물건 판매를 하는 것을 국가에 신고하는 것입니다. 인터넷으로 신청(공인인증서 필요)하거나 관할 지역 관공서로 방문 신청할 수 있습니다. 인터넷 통신판매업은 인터넷 도메인을 개설한 후에 신청 가능하며, 개인 쇼핑몰 홈페이지나 오픈마켓(네이버 스마트스토어 포함)도 가능합니다.

인터넷 신청 시 포털사이트에서 '통신판매업'을 검색해 정부24 홈페이지에서 통신판매업신고 페이지에 접속합니다. 이때 사업자등록번호, 대표자정보 등 입력이 필요합니다. 신청 작성예시 버튼을 눌러 해당 내용을 참고하여 정보를 입력합니다.

## Lesson 03 · 오프라인에서 내 제품 판매하기

오프라인에서 판매를 하는 방법은 다양합니다. 전국 곳곳에서 열리는 플리마켓이나 일러스트 페어 등에 참여하는 방법이 있고, 소품샵에 입점하는 방법 등이 있습니다. 플리마켓, 일러스트 페어 등은 직접 참여를 할 수 있어서 여러 사람들과 소통하며 제품에 대한 반응을 현장에서 느낄 수 있다는 장점이 있습니다. 소품샵 입점은 위탁 판매의 형태라 직접 판매할 때보다 편하지만, 수수료와 입점료를 잘 살펴보고 진행하는 것이 좋습니다.

### 플리마켓

문구만 판매하는 플리마켓도 있지만, 악세사리, 소품 등 다양한 제품군의 플리마켓도 있습니다. 또한, 서울뿐만 아니라 전국 각지에서 열리고 있으므로 나의 거주지 주변 플리마켓 등을 미리 살펴보는 것이 좋습니다. 무조건 큰 플리마켓이라고 제품이 잘 팔리는 것이 아니라는 것을 꼭 유념해야 합니다. 참여하려는 플리마켓이 지향하는 타깃층, 컨셉이 나의 제품과 어울리는지가 가장 중요합니다.

### 일러스트 페어

서울 일러스트레이션 페어는 문구 제품뿐만 아니라 일러스트레이터들의 참여도 다양하게 이루어지는 가장 큰 페어 중 하나입니다. 매년 서울 코엑스에서 약 3~5일 정도 진행하며, 부스비를 지불해야 합니다. 작은 부스들이 한곳에 가득 모여 있기 때문에 내 제품의 특징을 잘 돋보일 수 있도록 공간 연출을 하는 것이 중요합니다.

### 오프라인 판매처

마지막으로 소품샵, 디자인 문구 판매점 등 오프라인 판매처가 있습니다. 오프라인 판매점은 내 제품과 SNS를 아는 사람들 혹은 문구에 관심이 있는 사람뿐 아니라 불특정 다수에게 제품을 노출할 수 있다는 장점이 있습니다. 보통 전체 판매금의 약 25~35% 정도의 수수료를 부과합니다. 또한, 매달 입점비를 받는 곳도 있습니다. 입점비와 수수료율, 그리고 제품을 만드는 데 드는 비용과 택배비 등 부과적인 금액을 제했을 때 오히려 마이너스가 될 때도 있으니 이 부분을 잘 고려하여 입점처를 정하도록 합니다. 보통 1~3개월 단위로 위탁 판매를 계약하므로, 약 3개월 정도는 반응을 지켜보고 판단하는 것도 좋습니다.

위탁 판매처로 물건을 보낼 때는 우선 다품종 소량 입고를 기본으로 하고, 판매율이 높은 제품들과 신상품 위주로 재입고를 진행합니다. 똑같은 제품이라도 입점처의 위치나 타깃층, 분위기마다 판매율이 굉장히 달라지므로 미리 위탁판매 전 매장의 분위기나 컨셉이 내 제품과 어울리는지 알아보는 것이 중요합니다.